FUNDAMENTOS DA PRÁTICA LACANIANA: RISCO E CORPO

FUNDAMENTOS DA PRÁTICA LACANIANA: RISCO E CORPO

Angelina Harari

Coleção BIP
Biblioteca do Instituto de Psicanálise

Pretendemos mostrar como a impotência em sustentar autenticamente uma práxis reduz-se, como é comum na história dos homens, ao exercício de um poder.

Jacques Lacan

© Relicário Edições
© Angelina Harari

CIP –Brasil Catalogação-na-Fonte | Sindicato Nacional dos Editores de Livro, RJ

H254f
    Harari, Angelina
    Fundamentos da prática lacaniana: risco e corpo / Angelina Harari. - Belo Horizonte, MG : Relicário, 2018

    108 p. (Coleção BIP – Biblioteca do Instituto de Psicanálise)
    Inclui notas

    ISBN: 978-85-66786-81-1

    1. Psicanálise. 2. Lacan. 3. Clínica. I. Título

    CDD 150.195
    CDU 159.964.2

COLEÇÃO BIP — BIBLIOTECA DO INSTITUTO DE PSICANÁLISE
DIREÇÃO Ana Lydia Santiago

CONSELHO EDITORIAL
António Beneti
Elisa Alvarenga
Francisco Paes Barreto
Sérgio Laia

COORDENAÇÃO EDITORIAL Maíra Nassif Passos
CAPA Ana C. Bahia
DIAGRAMAÇÃO Caroline Gischewski
REVISÃO Lucas Morais

RELICÁRIO EDIÇÕES
www.relicarioedicoes.com
contato@relicarioedicoes.com

SUMÁRIO

Apresentação 9

Introdução 15

I. **A PRÁTICA LACANIANA** 21
   Princípios da Prática Lacaniana 21
   "Do Inconsciente ao Real" 27
   Psicanálise versus Psicoterapia 32
   Psicanálise Pura, psicanálise aplicada e psicoterapia 35
   Psicanálise aplicada à terapêutica 43
   A Prática da Supervisão 45
   A Teoria da Prática 53

II. **IMPASSES DA CIVILIZAÇÃO DO RISCO** 57
   Modo contemporâneo de gestão da sociedade 57
   O homem mediano 58
   O 'risco zero' do homem sem qualidades 61
   Figura contemporânea do cinismo 62
   O risco e a aposta de Pascal 64
   Gozo, corpo e a pulsão 72
   Corpo como substância gozante 74
   O objeto a natural 75
   "O Homem tem um corpo" 77

III. **O PARCEIRO-SINTOMA: PARADIGMA DOS NOVOS SINTOMAS** 79
   Os novos sintomas 79
   As patologias contemporâneas 81
   Psicanálise Aplicada à Clínica das Toxicomanias 84
   Juventude e dependência química nas instituições 86
   Construção do Caso Clínico e os Novos Sintomas 91
   "O homem vivo, o homem em carne e osso" 93

Considerações finais 95

Referências 99

APRESENTAÇÃO
Angelina Harari

O tema da psicanálise aplicada impõe-se na prática lacaniana na medida em que aquilo que define a psicanálise é o tratamento que se espera de um psicanalista (Lacan *in* Variantes do tratamento-padrão, p. 331). Sendo assim, é o final da análise que define se houve ou não um tratamento psicanalítico. Nessa perspectiva, todos os momentos prévios ao final da experiência se aplicam na psicanálise aplicada. A própria prática conjuga-se como aplicada até a passagem do psicanalisando a psicanalista.

A elaboração presente neste livro, surgiu do desejo de extrair da experiência os conceitos e fundamentos que norteiam uma prática. O trabalho foi realizado no âmbito de uma formação universitária realizada na Universidade de São Paulo. O contexto, porém, foi a necessidade de retirar os psicanalistas de uma certa prática contemplativa restrita aos consultórios e, para tal, isolei as noções de "risco" e de "corpo" que se despontaram como uma medida para não perder de vista o indivíduo em sua singularidade, condição muito cara à psicanálise. Em definitivo, a ideia foi a de fazer valer a prática exercida fora dos consultórios, ou seja, *stricto sensu* falando, exercida entre quatro paredes, no que concerne à relação analista-analisando.

O praticante da psicanálise se vê confrontado a temas cada vez mais estrangeiros ao campo da individualidade e, diante disso, precisa ancorar-se nos fundamentos, não para se resguardar, mas para buscar nos próprios fundamentos razão para responder aos sintomas contemporâneos. Caso contrário, não é difícil abrigar-se em padrões convencionados por um coletivo de pares.

Após dez anos da escrita desta tese, e à guisa de apresentação deste livro, considero importante esse movimento de envolver risco e corpo para pensar a psicanálise na esfera virtual que a Internet introduziu.

Longe de nos refugiarmos por trás do encontro de duas presenças, sem, no entanto, fazermos apologia de um modelo de prática, a proposta é a de tentar se deixar ensinar por cada experiência, colocando a céu aberto as soluções singulares encontradas.

Eis uma forma de responder às críticas feitas a nosso apego em referências de Freud e de Lacan, que são anteriores ao advento da Internet, mostrando que tanto a descoberta do inconsciente quanto a reação de Lacan à essa descoberta, isto é, o real, que, por sua vez, levou Lacan a tornar a busca do real, em jogo na experiência analítica, um sintoma, uma vez que essa descoberta faz furo no discurso universal (JAM *in* O ultimíssimo ensino de Lacan, aula 15-11-2006).

Conforme explicitado nesta tese, ora livro, a prática lacaniana não opera com os *standards* e, portanto, não toma consultório e divã como garantias da presença do discurso analítico *stricto sensu* lacaniano. O ensino de Lacan na orientação lacaniana permite extrair princípios psicanalíticos das mais variadas aplicações, pois é o particular condicionando a experiência.

Em 2017, foi a vez de recomeçar para elevar a um nível superior a política na psicanálise. Jacques-Alain Miller incita o coletivo dos psicanalistas a se engajarem na esfera pública, usando o contexto da eleição na França, assumindo um passo. Mas não de forma pessoal e partidária. Assinalada ficou a diferença do engajamento a título pessoal, como cidadão, em um partido político de sua escolha, e levar a política à psicanálise, movendo-se por meio de seu coletivo, no caso a École de la Cause freudienne.

A internet na contemporaneidade – incidências na prática analítica

Na clínica, certos fenômenos nos chegam por uma prevalência do culto às imagens com o incremento da mostração, seu fascínio em detrimento do significante (Brousse, 19/08/2017), pois, de fato, a palavra está cada vez mais subordinada à imagem, provocando sua deterioração (Llosa, 2012, p. 93).

Considerando o erotismo como último bastião contra a tendência a sermos consumidos pelas imagens que, na vida amorosa, levam à violação da intimidade e, consequentemente, ao desaparecimento da liberdade individual (Llosa, 2012, p. 93), coloco a questão de como escapar a essa impregnação do imagético sem deixar de estar à altura de sua época. Se o erotismo pode ser um bastião, é inegável a incidência da internet nesse cenário, com a oferta de aplicativos de encontro, ou a mostração da intimidade nas redes sociais, submetendo cada vez mais os indivíduos a uma lógica coletiva das imagens que promulgam o ideal para todos.

Marcar as diferenças entre o erotismo e a pornografia hoje, conforme apontou J-A. Miller na sua conferência sobre o tema do Congresso da AMP/2016, permite remontar a algo que Lacan destacou nos anos de 1950, quando contestou a pretensa relação de objeto, na qual se introduz a função da falta de objeto. Referido em Freud nos "Três Ensaios sobre a teoria da sexualidade", ele propõe: o objeto fundamental é a mãe, e perde-se. Dessa maneira, demonstra que a relação de objeto é sempre um reencontro falho (Miller, 1997, p. 460); uma prévia do aforismo "A relação sexual não existe" e da teoria do *partenaire*-sintoma. A noção de castração está diretamente vinculada a essa falta fundamental que nenhum objeto pode tampar e é o que orienta o ensino de Lacan e o leva a inventar o objeto *a*.

Fazer valer o nada, na esfera do amor, se dá pela realização da falta na função de véu, que faz existir o que não existe. O véu vela o nada e tem afinidades com o desejo, uma vez que este se vincula à falta. Como o amor aponta para além do objeto, para o nada, o véu tem sempre uma relação com ele. Amor e perversão caminham juntos, diz Lacan no *Seminário* 4:

> O véu, a cortina diante de alguma coisa, ainda é o que melhor permite ilustrar a situação fundamental do amor. Pode-se mesmo dizer que com a presença da cortina, aquilo que está mais além, como falta, tende a se realizar como imagem (...). É nisto mesmo que o homem encarna, idolatra seu sentimento deste nada que está para além do objeto do amor. (Lacan, 1955 [1956-57], p. 157)

A função do véu e sua relação com o amor marca a falta fundamental e o bom uso dela como um pilar do ensino de Lacan, inclusive em suas formulações rumo ao real, abrindo um para-além do significante, a partir de sua defasagem com relação ao significado, na vertente do objeto.

O fio condutor que vai da falta de objeto ao objeto *a* nos leva ao lugar de corte do qual ele emerge. Lacan ilustra essa cessão constitutiva com exemplos como o cordão umbilical, o grito do lactente, ou ainda o prepúcio na circuncisão. Esta, exemplo de prática cultural, mostra que o objeto *a* emerge desse corte, produzindo uma desnaturalização e uma topologia de furo. Na contemporaneidade, vemos que o que faz oposição à primazia das imagens sobre as palavras é o erotismo, que exige

> certas formalidades culturais que preservem a natureza privada e íntima do sexo, de maneira que a vida sexual não se banalize nem animalize. Com seus rituais, fantasias, vocação à clandestinidade, amor aos formalismos e à teatralidade, nasce, como um produto da alta civilização, um fenômeno inconcebível nas sociedades ou nos povos primitivos e rudes, pois se trata de uma atividade que exige sensibilidade refinada, cultura literária e artística e certa vocação transgressora. (Llosa, 2012, p. 93)

A cultura da imagem, superficial e efêmera, rouba nossa intimidade, toma o lugar do espírito crítico e nos transforma em seres consumidos, sem liberdade de escolha. A pornografia, por sua vez, definida como um "dar a ver sem véu", sem barreiras, daria a ilusão de existência aos corpos, o que, segundo Lacan, seria fomentar a ilusão ao fazer existir o que não existe. Diante disso, proponho discutir alguns aspectos cruciais da situação de atendimento envolvendo sessões virtuais em um determinado contexto.

Incidência na prática psicanalítica: consultas-virtuais

A internet foi se introduzindo na prática lacaniana, em forma de consultas-virtuais, à medida que a circulação de corpos passou a validar a aposta nos laços à distância, para sessões de análise e para supervisão, uma vez que a transferência, neste caso, pode ter diferentes origens. Inicialmente, surgiram demandas de pessoas deslocadas de seus ambientes rotineiros, diante de uma regularidade interrompida por motivo de ausências pontuais, mesmo na prática analítica sem padrões anteriormente definidos, como é o caso da orientação lacaniana.

As consultas-virtuais alternavam períodos de experiência *in absentia, in effigie*, com períodos presenciais, algo que Lacan, no seu retorno a Freud, afirmava não ser possível. Nesse sentido, as consultas-virtuais pareceriam ir na contramão do conselho freudiano reafirmado por Lacan. Contudo, a alternância permite um uso da internet sob transferência: um uso que prioriza a transferência, pois podem haver transferências que geram um encontro tão forte entre analista e analisante, que se torna difícil trocar de analista, mesmo que mudando de cidade. Exatamente porque consideramos não haver clínica sem transferência, as demandas que chegam são acolhidas e, a partir delas, podem surgir demandas de pessoas que nos propõem a prática exclusiva de consultas-virtuais.

Falarei de uma demanda dessas, suscitada por uma identificação histérica. A amiga de uma analisante demanda uma análise que ocorreria apenas por Skype. Inicialmente, reluto, assinalando todas as dificuldades, mas a demanda é quase imperativa: ela insiste muito, mostra que fala português, apesar de ser estrangeira. Fica claro algo que aparece no cotidiano de um consultório: quer ser recebida como a amiga, que havia frequentado meu consultório antes de passar um ano no exterior para cursar parte de seu doutorado.

Se a amiga pode ser acolhida por Skype, então ela demanda para si a mesma suposição de saber. Identificada ao sofrimento da colega, supõe ser possível passar por um tratamento igual. A experiência dura 6 meses e, ao final, uma saída condizente com os princípios da prática lacaniana: um esboço de implicação subjetiva, um início de alienação em sua própria história. Diz ter chegado à conclusão de que precisa buscar um analista em sua cidade.

Foi uma experiência apenas, não sendo possível generalizar o uso. Mesmo com as consultas-virtuais, o caso a caso prevalece. Não deixa de ser um caso único, pautado numa transferência por identificação histérica. É a transferência que torna o caso singular.

Acolher importa, mas respeitar a transferência é imprescindível para que se possa afirmar o caráter psicanalítico da experiência.

INTRODUÇÃO

Os impasses da civilização do risco e suas incidências sobre o corpo interessam-nos como viés para uma reflexão sobre a prática da psicanálise lacaniana na atualidade, especialmente em sua relação com os novos sintomas, sobretudo a partir do início do séc. XXI.

A noção de risco foi extraída da reflexão sociológica da obra de dois autores contemporâneos: Ülrich Beck (1986) e François Ewald (1986); o primeiro weberiano e o segundo foucaultiano. Esta pareceu-nos exemplar para refletir sobre a responsabilidade perante o corpo, uma forma de evitar a redução do ser de cada um ao seu ser social. Para Latour, no prefácio de *Societé du Risque* (Beck, 2001), devemos considerar o termo risco de forma ampla, para dar conta do próprio laço social, pois é um termo que se presta a confusões e mal-entendidos que estão na raiz da incompreensão inicial da obra de Beck.

A psicanálise lacaniana parte sempre do laço social, que não equivale à sociedade, uma vez que esta é pensada como fragmentada ou pluralizada em diversos laços sociais, fragmentos que não constituem um todo. O próprio conceito de laço social esfacela o Um da sociedade, pluralizando-a, nos diz Jacques-Alain Miller, em quem encontramos a seguinte referência ao ultimíssimo Lacan ([1977] inédito): "A neurose depende das relações sociais."

É suficiente, para eliminar toda aparência de paradoxo no que acabamos de avançar, evocar que há a linguagem no fundamento da realidade social. Entendemos por esse termo a estrutura que emerge da língua que falamos sob o efeito da rotina do laço social. É a rotina do laço social que faz com que o significado possa deter algum sentido. Este é dado pelo sentimento de cada um de "fazer parte de seu mundo", isto é, de sua pequena família e do que gira ao redor (Miller, 2007).

O risco, para Picard e Besson, citado por Ewald (1986, p. 173), é uma noção original, própria do direito e da ciência securitária bem diferente daquela utilizada em direito civil ou na linguagem corrente; é um elemento fundamental da securidade. Ewald (1986, p. 173) radicaliza: postula que o risco é um neologismo da securidade, e, para falar de um modo kantiano, nos diz que "a categoria do risco é uma categoria do entendimento". Seu ponto de partida, segundo ele um acontecimento filosófico considerável na ocasião, consistiu na descoberta, na França, da lei de 9 de abril de 1898, acerca da responsabilidade sobre os acidentes de trabalho. Essa questão o engaja na história das responsabilidades desde a promulgação do Código Civil em 1804. Acompanhando Ewald, veremos, no capítulo II, como reflete-se uma das grandes experiências morais do Ocidente por meio do risco.

O encontro das abordagens sociológica e psicanalítica em torno da noção de laço social permitirá uma melhor localização do viés do risco e do corpo no último ensino de Lacan, por meio do qual pretendemos assentar as bases da prática lacaniana. O sujeito, segundo Lacan, nunca está sozinho com seu Isso, seu Eu e seu Supereu, ou seja, há sempre o Outro; o sujeito até mesmo nasce no campo do Outro (Miller, 2003e, p. 3). Qual o viés de corpo que pretendemos abordar em Lacan? Para responder a esta pergunta, é necessário distinguir os diferentes momentos de seu ensino. Particularmente, acerca dessa questão, há o corpo imaginário pensado a partir do estádio do espelho e o corpo imaginário pensado a partir dos nós borromeanos.

Conforme aponta Miller (1994, p. 71), inicialmente Lacan partiu de Freud, da fenomenologia do corpo imaginário, o corpo do estádio do espelho como imagem do corpo próprio. Há prevalência do corpo imaginário quando se propõe que a anatomia (sexual) é o destino. Ao mesmo tempo, a imagem do corpo próprio decorre da suposição de uma falta que a imagem encobriria. O suporte dessa imagem está assegurado pela ação do Nome-do-Pai, que regula o gozo pela castração.

Embora Lacan, nesse momento, diga que o corpo é imaginário, no inconsciente o corporal implica simbolização, corpo mortificado. A imagem do corpo próprio ganha *status* simbólico: corpo como falo, cuja satisfação é puramente significante. A articulação significante exclui o corpo como referência; o gozo sem o corpo implica que a satisfação é puramente significante.

Nesse primeiro momento de seu ensino, Lacan (1953) parece dispensar a referência ao corpo, fato que sofre reviravolta a partir do seu último ensino: "(...) que um corpo, isso se goza.", fórmula que encontramos no Seminário 20 (1972-3, p. 35), uma verdadeira conversão de perspectiva. O último ensino contrapõe o corpo vivo ao corpo morto, coloca em questão o próprio termo sujeito caracterizado como falta-a-ser, substituindo-o pelo falasser (*parlêtre*), que se refere ao sujeito mais o corpo. Assim, também o conceito de Outro, distinguido por um A maiúsculo, é questionável. O Outro está aí representado por um corpo vivo. Interessa-nos essa conversão de perspectiva que o último ensino postula, para abordar os fundamentos da prática lacaniana. Nesse contexto, a fenomenologia do corpo imaginário em Freud não equivale à noção de corpo imaginário na clínica borromeana.

Antes mesmo de chegarmos à clínica borromeana, há indícios dessa conversão de perspectiva, que encontramos na teoria do parceiro-sintoma, seguindo a orientação traçada por J-A Miller (2000, p. 153-207). Entre o sujeito e o Outro, nessa parceria fundamental, o sujeito tem essencialmente como parceiro no Outro o objeto *a* (Miller, 2000, p. 168). A parceria com o sintoma passa então a ser enfocada a partir do incurável. A perspectiva não é a de curar-se do sintoma – esta seria a perspectiva terapêutica –, não é deixá-lo para trás, mas saber haver-se com ele. É necessário ampliar o conceito de sintoma, para além do sintoma obsessivo bem situado e do sintoma histérico, para introduzir a dimensão autística do sintoma, a solidão com o parceiro mais-de-gozar.

A teoria do parceiro-sintoma permite abordar os novos sintomas, dentre os quais interessa-nos a toxicomania que é considerada como o grande paradigma do "somente um corpo pode gozar" (Miller, 1998, p. 93). Esse tema nos interessa particularmente pela experiência que temos de uma clínica de supervisão em centros de saúde pública no Brasil, e porque esse lugar da psicanálise decorre da transformação do uso das drogas em questão social, e isso é relativamente recente. A instituição de uma "questão social das drogas" no Brasil ocorre, segundo Fiore (2005, p. 258), a partir da segunda metade do século XIX. Deve-

-se igualmente levar em conta a evolução conceitual do termo "droga", como Carneiro (2005, p. 7) o mostra em sua análise "da evolução conceitual que confere ao termo 'droga' uma multiplicidade de significados, que vão do veneno ao remédio, das substâncias originais do sertão aos medicamentos fitoterápicos (...)".

Foi no marco do tratamento das toxicomanias, na França, que em meados dos anos de 1980 designou-se a figura do toxicômano como representante maior das novas formas de sintoma, uma vez que Freud e Lacan não se referem ao toxicômano, e sim à intoxicação, à toxicomania, à droga etc. (Freda, 1997). A dificuldade em nomear como sintoma o fenômeno da intoxicação, por não conter uma mensagem a ser decifrada, levou os psicanalistas a postular novas formas de sintomas. Veremos como a psicose e o sintoma obsessivo também foram importantes para que Lacan formulasse a noção de *sinthoma*, que vem a elucidar, em especial, os fenômenos de corpo encontrados na clínica.

Para Marzano (2007, p. 74), nas armadilhas do construtivismo, que se torna uma orientação sociológica bastante influente no séc. XX, insiste a ideia de que todo acontecimento é necessariamente um "fato social", e, assinala que para Corbin (Courtine; Vigarello, 2005, p. 9): "o corpo é uma ficção, um conjunto de representações mentais, uma imagem inconsciente que se elabora, dissipa, reconstrói ao longo da história do sujeito, sob a mediação dos discursos sociais e dos sistemas simbólicos." Marzano se pergunta: o que restaria do corpo ao se desconstruir a linguagem cultural?

Essa questão pode ser confrontada com a noção do inconsciente como função do Outro, função do discurso que o identifica; o que não implica que a dimensão do singular, nem do particular, fique elidida na psicanálise (Miller, 2003d, p. 112). A experiência analítica visa uma singularidade disjunta de qualquer universal (Miller 2001, p. 5). Para o enfoque da prática clínica é preciso colocar em tensão a dimensão do Outro, que se opõe ao psiquismo individual, com o princípio da diferença absoluta, tal como Lacan (1964, p. 260) o estabelece acerca do desejo do analista.

O viés da diferenciação entre a psicanálise, por um lado, e as psicoterapias, por outro, é fundamental para situarmos, no cerne da prática lacaniana, o que se nomeia "psicanálise aplicada à terapêutica". É nessa perspectiva que este trabalho visa os fundamentos da prática lacaniana, pois o futuro da psicanálise depende do esforço contínuo de situá-la em relação às orientações principais no campo da cultura contemporânea, mas igualmente de confrontá-la e diferenciá-la. Não nos furtando ao debate é que poderemos levar a psicanálise para fora dos muros das instituições psicanalíticas, levando os praticantes a inserir seu trabalho nas instituições de saúde mental e outras.

CAPÍTULO I

A PRÁTICA LACANIANA

Princípios da Prática Lacaniana

Dentre os fundamentos da prática lacaniana na contemporaneidade, esbarramos inicialmente com a noção de analista cidadão (Laurent, 2007, p. 142). Essa noção vem de encontro a um ideal de marginalização social do psicanalista. Uma prática comum aos psicanalistas no final da década de 1970, e que durou até a década de 1990, foi a de colocar-se na posição do intelectual crítico, principalmente no seio dos movimentos de esquerda intelectual. E é exatamente isso que Laurent visa destruir ao cunhar essa expressão, retirando o psicanalista de sua posição de crítico, da posição de exílio de si mesmo, e levando-o a ser mais participativo no plano social.

A tese do analista cidadão é correlata ao último ensino de Lacan, quando a psicanálise é chamada a responder ao caráter autista do sintoma, que não é o da disfunção, mas da opção de gozo, ou seja, segundo ele, uma vez que "a maneira como cada um sofre em sua relação com o gozo, porquanto só se insere nela pela função do mais-de-gozar, eis o sintoma (...)" (Lacan, [1968] 2006, p. 41).

Quando a psicanálise foi chamada a responder ao sintoma que não quer se comunicar, a resposta do lado da prática lacaniana foi radical na sua resistência à padronização, retirando o psicanalista do consultório, de onde podia exercer a função de crítico, e levando-o a um contato direto com a esfera social. A figura do psicanalista reservado, crítico, de certo modo marginal, teve um papel histórico importante, mas não corresponde mais ao que a psicanálise requer para dar conta do sintoma que não quer se comunicar com o outro, que não quer dizer nada.

A própria figura do intelectual, vívida no século XX, a partir do caso Dreyfus, quando surge o termo *intelectual*, vê sua vocação crítica ser questionada se não acrescentar ao papel de crítico, "um papel orgânico a desempenhar, o de operários dessa difícil democracia, regime de liberdade limitada, de igualdade aproximativa e de fraternidade intermitente" (Winock, 2000, p. 800). É também o que Bouretz (2002, p. 14) assinala no prefácio à obra de Hannah Arendt: que ela procura atualizar a figura do intelectual ao unir as categorias romanas, *vita contemplativa e vita activa*, em torno da ação. Entrar no mundo da ação é, como entende, um engajamento deliberado, escapando ao universo protetor das ideias.

Do lado do psicanalista, é necessário "assumir riscos"; é assim que entendemos a frase de Lacan ([1965] 1998): "Por nossa posição de sujeito, somos sempre responsáveis." À qual acrescenta logo após: "A posição do psicanalista não deixa escapatória, já que exclui a ternura da bela alma." Por outro lado, a ação lacaniana, como intervenção possível do psicanalista na esfera pública foi introduzida por J-A Miller (2003b) para questionar a posição de extraterritorialidade da psicanálise no que diz respeito ao âmbito social.

Quando Lacan, em 1966, aborda o tema do lugar da psicanálise na medicina, situa-a como marginal:

> Como já escrevi em várias ocasiões, extraterritorial. [...] Ele é extraterritorial, por conta dos psicanalistas, que provavelmente têm suas razões para querer conservar esta extraterritorialidade. Não são minhas estas razões [...]. (Lacan, 2001, p. 8)

No entanto, segundo Miller (2003b), Lacan mesmo fomenta a extraterritorialidade nos anos de 1970, que foram os de contestação do mestre pela juventude estudantil, quando pôde fazer da psicanálise o avesso do discurso do mestre: invalidando tanto o discurso do mestre quanto as reivindicações contra o mesmo. Nesse sentido, ele recusa os termos do debate e inscreve a psicanálise e o psicanalista alhures.

Nasce, assim, na psicanálise, uma contra-sociedade: "a sociedade dos analistas é concebida como uma contra-sociedade, estabelecida sobre a recusa do significante mestre e questionando a sociedade como tal pelo viés do que ela produz, o mais-de-gozar como resíduo" (Miller, 2003b).

Há toda uma reflexão que faz J.-A. Miller (2003b) sobre a exterioridade do discurso analítico em sua condição de laço social específico, mas que supõe uma forma de organização social e que, portanto, não é sustentável em qualquer regime social. Segundo ele, Lacan sustentava a subtração da psicanálise na sociedade, estabelecendo uma contra-sociedade, enfatizada no fato de que entrar no funcionamento social, nem que seja a título de protestá-lo, conforme o diz em *Televisão* (Lacan, 1973, p. 517), indica que não pode fazê-lo a sério, porque, ao denunciá-lo, ele o reforça, reforça a exploração do mais-de-gozar.

Postula isso para interrogar qual sentido é preciso dar à subtração da psicanálise na sociedade, pois é a democracia que autoriza a pluralidade do laço social, o que o leva a propor, ao lado do ato analítico, tal como Lacan o definiu, a instalação de uma ação lacaniana que daria a esse ato psicanalítico, na sociedade, as consequências que ele pode ter, uma vez que, para além da forma de organização social que o discurso analítico supõe, este só pode se dar em regime de democracia. Apesar disso, Lacan, em *Televisão* ([1973] 2003), considera inaceitável que alguns critiquem essa sua posição como sendo uma reprovação da política, pelo fato de ele afirmar que os trabalhadores da saúde mental entram no discurso que condiciona a miséria do mundo, mesmo que seja a título de protesto.

Para Miller (2003), o que Lacan trouxe nos anos de 1970 – seu matema dos quatro discursos fundado sobre o laço social – faz esfacelar a unidade, o Um da sociedade, pluralizando-a. E a inspiração de Lacan, oriunda do texto de Freud, veio da comparação da ação de governar com a de educar e a de psicanalisar, ao que acrescentou a histeria, como contestação ao mestre. A psicanálise parte desse ponto do impossível. O laço social não é equivalente à sociedade; falar de laço é admitir que há vários tipos de laços sociais. E, seguindo nessa reflexão sobre a exterioridade do discurso analítico em seu estatuto de laço social específico, Miller (2003) encontra, no estádio do espelho de Lacan

([1949] 1998), fundamentos para uma definição do social como não sendo igualitário. Considera o estádio do espelho como um enunciado de filosofia política: o enunciado do que comporta um laço igualitário, a relação de semelhante a semelhante. E nos lembra o que Lacan repete sobre o que Hobbes diz a respeito: é a guerra! A epistemologia de Lacan é também uma filosofia política: no nível do imaginário, é a guerra. Portanto, a sociedade se torna o simbólico e a constituição do laço social como a superação da relação dual. E, para concluir sua reflexão, ele evoca a tese de medicina de Lacan ([1932] 1975), sobre "A Psicose Paranóica em suas relações com a personalidade", para reafirmar o caráter representativo social, sempre que se tratar da dimensão subjetiva.

Em sua tese, Lacan (1932, p. 42) define os fenômenos da personalidade a partir de três aspectos: um desenvolvimento biográfico, uma concepção de si mesmo e uma forma de tensão das relações sociais. Esse terceiro ponto, por sua vez, marca o "valor representativo no qual o sujeito se sente afetado cara a cara com os outros." É exatamente o valor representativo de cada um, segundo Miller (2003), o que Lacan chama de significante mestre/senhor, uma vez que é o Outro quem dá seu valor representativo. O laço social é significante, a introdução do significante mestre/senhor, S_1, no Seminário *O Avesso da Psicanálise*, tem o poder de conferir legibilidade:

> O que é que sempre nos permite, lendo qualquer texto, perguntar-nos o que o distingue como legível? Devemos procurar a articulação pelo lado do que constitui o significante mestre/senhor. (Lacan, [1969] 1992, p. 180)

Por um lado, o significante mestre/senhor faz a junção com o sujeito e, por outro, com o conjunto de significantes (mediador entre o sujeito e o conjunto de significantes). Por um lado, é o mestre/senhor do sujeito, pelo qual ele se representa como tendo um valor no discurso universal, por outro é o que ordena o conjunto dos significantes. Isso funcionou da Antiguidade até 1950, depois Lacan indicou outro discurso, que ele denominava discurso capitalista e, diferentemente do discurso do mestre/senhor, no qual o sujeito está representado por um significante mestre/senhor, um significante do Outro; o sujeito não tem significante do Outro. Sem o significante mestre/senhor, neste o sujeito está livre para inventar seu significante, não é mais sobre o discurso do Outro que os sujeitos designam a si mesmos. O significante mestre/senhor é o que permite dizer: Eu sou isto aos olhos do Outro (Miller, 2003). É nessa medida que Miller (2007) postula o avesso de Lacan, não se tratando de mudança de tópica como em Freud, mas de um recomeço que não cessa jamais. No avesso de Lacan, o Outro é destituído e o sujeito é pensado a partir das categorias clínicas: real, simbólico e imaginário. Mas, a rigor, não é mais do sujeito que se trata aí, não é mais do sujeito do significante e sim do ser humano qualificado como falasser. Abordaremos a questão do falasser, mais adiante, no capítulo II, sobre o parceiro-sintoma.

E no lugar do Outro emerge, no ensino de Lacan, outro princípio de identidade. Na primazia do Outro encontramos o pivô da identidade do sujeito. Trata-se da categoria freudiana da identificação, declinada em três modos, conforme descrito em "Psicologia das Massas e Análise do Eu" (Lacan, [1921] 1969): a identificação com o pai, a identificação histérica e a identificação com o traço unário.

"No lugar do Outro, o corpo" (2007). É assim que Miller propõe um novo princípio de identidade, o Um-Corpo, do qual Lacan fornece pequenos apanhados. Não mais o corpo do Outro, e sim o corpo próprio, a função originária da relação com o corpo próprio, que comporta a ideia de si mesmo. Por essa razão Lacan retoma a antiga palavra freudiana: eu. O eu se estabelece pela relação com Um-corpo, nada mais tendo a ver com a definição do sujeito que passa pela representação significante. O pivô da identidade do sujeito deixa de ser a identificação, o amor ao pai, por exemplo, tornando-se o amor próprio, no sentido do amor a Um-Corpo. Essa fórmula é proposta por Lacan ([1975] 2007, p. 64) no Seminário 23: "O falasser ama seu corpo, porque crê que o tem." Nada a ver com o eu que Lacan criticava em Anna Freud no Seminário 1:

> Há parágrafos no livro de Anna Freud, *O Eu e os mecanismos de defesa*, em que se tem o sentimento, se passarmos sobre a linguagem

às vezes desconcertante pelo seu caráter coisista, de que ela fala do eu no estilo de compreensão que tentamos manter aqui. E tem-se ao mesmo tempo o sentimento de que ela fala do homenzinho que está dentro do homem, que teria uma vida autônoma dentro do sujeito e estaria ali a defendê-lo – Pai, mantenha-se à direita, Pai, mantenha-se à esquerda – contra o que pode assaltá-lo, de fora como de dentro. Se considerarmos o seu livro como uma descrição moralista, então ela fala incontestavelmente do eu como da sede de certo número de paixões, num estilo que não é digno do que La Rochefoucauld pôde assinalar sobre as manhas incansáveis do amor-próprio. A função dinâmica do eu no diálogo analítico permanece pois, até o presente, profundamente contraditória, por não ter sido rigorosamente situada, e isso parece cada vez que abordamos os princípios da técnica. (Lacan, [1954] 1979, p. 78)

Nessa medida, tanto a noção de analista-cidadão quanto o princípio da ação lacaniana fundamentam a prática lacaniana na contemporaneidade. Se o significante mestre/senhor é o que se chamou, na filosofia política, de valor, o que se chama democracia é a intolerância ao significante mestre/senhor absoluto: o convite a suportar que haja outros valores.

Assuntos que eram creditados à sociologia passam, em função dessa nova perspectiva, a ser incluídos na própria extensão da noção de sintoma na psicanálise. Para a psicanálise lacaniana, a sociedade do risco de Beck (1986) se torna a sociedade do sintoma. A história da família e a função paterna se remodelam, tratamos de instaurar normas particulares em cada oportunidade, a partir de um modo de gozo. Tudo isso fez com que Lacan reconstituísse o pai a partir do "casamento e os modos pelos quais o homem chega a fazer da mulher a causa do desejo, que, por sua vez, se ocupa de seus objetos *a*" (Laurent, 2007, p. 69). Nessa medida, interessou-nos enveredar pelo estudo da categoria risco, no qual nos deparamos com a relação entre a característica da física social de Quételet – e de seu consecutivo "abandono de toda perspectiva individual ou psicológica" (Ewald, 1986, p. 162) – e a prática de alojar o ideal terapêutico na norma, mais exatamente no ideal de "fazer parte da norma", confrontando-os com a prática lacaniana de atingir, na experiência, o modo de gozo singular que o sintoma [*sinthoma*] comporta, para haver-se com ele no fim da experiência.

Para Lacan, o nível do uso é um nível essencial, que se impõe precisamente a partir do fato de o Outro não existir. Há uma passagem necessária do parceiro-analista para o parceiro-objeto *a*, que conduz ao parceiro-sintoma e, consequentemente, ao uso que se faz do sintoma [*sinthoma*]. Na teoria do parceiro-sintoma encontramos a fantasia constituindo o casal fundamental para o sujeito. O parceiro essencial, revelado por meio da estrutura da fantasia, é o objeto *a*, que surge de objeto extraído do corpo do sujeito (Miller, 2000, p. 168) e determina, assim, o lugar do analista balizado no termo objeto *a*. Do parceiro-objeto *a* ao parceiro-sintoma, trata-se sempre do parceiro-gozo do sujeito.

Ewald (1986), em sua abordagem da filosofia política do "princípio de precaução" (*Vorsorgeprinzip* – que surge em 1970 na Alemanha), alerta-nos para o fato, desconhecido até o meio da década de 1990, de que esse princípio se tornou uma expressão popular e até passível de vulgarização. A precaução se distingue da proteção contra o perigo e a diferença reside na identificação do risco. Toda a questão é saber até onde os poderes públicos – pois é disso que se trata nesse princípio de política do meio ambiente – podem agir contra os riscos ainda não identificados. Nesse sentido, para Laurent (2000, p. 101), "toda sociedade define o corpo do sujeito pelos aparatos que lhe fornece, sejam jurídicos, técnicos ou eróticos." Pelo viés do corpo e de sua definição, que, na prática lacaniana, se dá pelo gozo que se extrai dele e das "relações entre os sistemas de parentesco e a distribuição dos Nomes do Pai, mãe e filho, a psicanálise se vê levada a tomar partido nos debates que animam a sociedade civil."

"Do Inconsciente ao Real"

O título do capítulo 9 do Seminário 23 pareceu-nos exemplar como forma de atualizar a noção metapsicológica de inconsciente, à luz do último ensino de Lacan.

Partimos de uma definição de Lacan ([1976] 2003), aparentemente paradoxal em relação ao seu ensino, sobre a noção do inconsciente como real. Por um lado, a categoria de real se define pela exclusão de qualquer sentido; por outro, pode-se dizer que o ensino de Lacan se fundamenta na concepção de uma psicanálise construída a partir do sentido (Miller, 2007).

J-A Miller (2007) resgata essa expressão "inconsciente real" no texto de Lacan ([1976] 2003, p. 571):

> Notemos que a psicanálise, desde que ex-siste, mudou. Inventada por um solitário, teorizador incontestável do inconsciente (que só crê – digo: o inconsciente real – caso se acredite em mim), ela é agora praticada aos pares.

O resgate da expressão importa, apesar de a expressão não se ter fixado no ensino de Lacan, e não se fixou porque a marca freudiana pesa sobre o termo inconsciente definido como produtor de sentido interpretável. Trata-se, portanto, de uma outra perspectiva do inconsciente, esta que Lacan formula, apenas uma vez, em um prefácio escrito em 1976.

A importância da perspectiva do inconsciente como real se deve a novos horizontes que se abrem para a psicanálise, pois é com o real que Lacan responde ao traumatismo da descoberta freudiana, o que, por sua vez, permite, sem nos desviarmos dos princípios psicanalíticos, acolhermos no dispositivo analítico as formas sintomáticas contemporâneas. Para além da noção de um inconsciente transferencial, lido pela transferência que o causa (Miller, 2007), encontramos, na categoria de inconsciente real, um meio de responder às urgências subjetivas, forma como se presentificam os novos sintomas, seja nas instituições, seja nos consultórios.

O inconsciente real, a nosso ver, também não se fixou no ensino de Lacan por conta de sua tese radical de que o inconsciente é estruturado como uma linguagem. Isto quer dizer que procedemos à leitura das formações do inconsciente considerando a estrutura de linguagem. O diálogo de Lacan com a linguística e com a antropologia estrutural de Lévi-Strauss foi fundamental para essa tese lacaniana. Alguns anos depois iniciou o diálogo com a topologia e com a lógica matemática, alicerces para a formulação do inconsciente real. Pode-se dizer, no entanto, que esse diálogo não excluiu a referência à linguagem, uma vez que a literatura joyceana serviu-lhe de apoio para a introdução da clínica borromeana, período da tese do inconsciente como real. Lacan recorre aí ao *Finnegans Wake*, para mostrar que a relação com a língua constitui o verdadeiro núcleo traumático. Esse texto, apesar de manejar as relações fala/escrita, som/sentido, não tem a ver com o inconsciente produtor de sentido (Miller, 1996).

A noção freudiana de inconsciente estruturado, segundo Lacan, como uma linguagem, é um inconsciente sujeito às leis da linguagem, como a metáfora e a metonímia que operam na cadeia simbólica. O inconsciente real coloca em cena um elemento que não se ordena na legalidade da cadeia significante. Ambas as abordagens do inconsciente são cumulativas, ou seja, co-presentes, obedecendo à estrutura de superposição: uma não engloba a outra.

Por que enfatizar uma expressão que não se fixou no ensino de Lacan? O interesse de colocar lado a lado essas abordagens é explicitar a forma como a prática lacaniana pôde avançar na direção dos novos sintomas, das urgências subjetivas e de seguir mantendo a psicose como prioridade. Como assinala Miller (2007), a psicose desnuda a estrutura. Por um lado, o automatismo mental evidencia a xenopatia fundamental da fala; o fenômeno elementar está aí para manifestar o estado originário da relação do sujeito com *lalíngua*: o sujeito sabe que está concernido pelo dito, que aí há significação, mas não sabe qual. Há uma história da decidida escolha de Lacan pela psicose, expressa no aforisma 'não recuar jamais diante da psicose'. Cabe também aqui evocar sua dedicação à Aimée (Amada em português), nome por ele dado à paciente que se converte no exemplo da nova entidade clínica que avança em sua tese de medicina: a 'paranoia de autopunição'.

A dedicação – o amor – de Lacan à psicose remete-nos ao último livro da historiadora Mary del Priore (2005), *A História do Amor no Brasil*. São duas histórias: a primeira sobre o amor e a segunda sobre a dedicação profissional – o amor – de Lacan à psicose. A propósito do amor, somos introduzidos à pesquisa a partir de alguns interrogantes: Qual a natureza da intimidade entre homens e mulheres? Onde aparecia o desejo? Nossa vida amorosa é diferente da dos nossos avós?

Desde a década de 1970, numerosas transformações ocorridas no campo dos costumes e da vida privada, que não deixam dúvida quanto ao assunto. A pílula e as discussões sobre o aborto, o feminismo e os movimentos de minorias, a progressão das uniões livres, os corpos nus expostos na mídia e na propaganda, enfim, a liberação da palavra e do olhar mudaram a vida das pessoas e sua maneira de enxergar o amor. Tal movimento de emancipação de corpos e de espíritos, inscreve-se, contudo, na História. Ele começou nas últimas décadas do século XIX, quando as idéias do casamento por amor e da sexualidade realizada se tornaram um dos pilares da felicidade conjugal. Até então o Ocidente cristão, e nele, o Brasil, vivia uma era de constrangimentos e recalques quase sem limites. [...] A vida privada com tudo que ela envolve de sentimentos, não escapou, em todo o mundo, como entre nós, de lenta evolução de mentalidades e de atitudes. Um prato cheio para pesquisadores curiosos! Um deles, Luís Felipe Ribeiro, sintetizou bem ao dizer que no passado as pessoas 'não davam', mas se davam. Hoje, elas 'dão, mas não se dão'. Está certo. Se a revolução sexual foi, antes, considerada uma libertação diante das normas de uma sociedade puritana e conformista – a burguesa e vitoriana – ela, atualmente, promove uma sexualidade mecânica, sem amor, reduzida à busca do gozo. (Priore, 2005, p. 14)

A historiadora, bem mais adiante, no capítulo "Metereologia das práticas amorosas", refere-se à perigosa sexualidade feminina, mais exatamente no domínio da sexualidade feminina, que, no Brasil do século XIX, era sempre "da cortesã ou da louca, da histérica". E que na opinião do renomado Esquirol ("que tanto influenciou nossos doutores"): "Toda a mulher é feita para sentir, e sentir é quase histeria. O destino de tais aberrações? O hospício. Direto!" (Priore, 2005, p. 209).

Já para Jacques-Alain Miller (1993), na esteira de Lacan, esse movimento de exclusão do gozo suplementar, no exemplo acima, confinado aos hospícios, é a operação própria do Pai: rejeitar o gozo que não se satisfaz pela função de Φ. Nessa perspectiva, ele dá lugar à doutrina da foraclusão generalizada: há, para o sujeito, não somente na psicose, um objeto indizível. Não se trata apenas do uso restrito da foraclusão, colocado por Lacan a propósito da psicose e do Nome-do-Pai, mas sim de estender a foraclusão para o conceito lacaniano da inexistência da relação sexual, que adquire, com a generalização, valor de foraclusão. Já ao considerar o problema da clínica diferencial da psicose, em 1996, propõe, como fundamento, opor a ela uma clínica universal do delírio, que teria como ponto de partida os discursos que constituem defesas contra o real (Miller, 1996, p. 190), ou seja, uma proposição que enfatiza a doutrina da foraclusão generalizada como modelo do núcleo real de todo sintoma.

O conceito lacaniano de foraclusão generalizada privilegia a abordagem não deficitária da psicose. Desde sua tese em medicina, Lacan considera que a psicose não deve ser abordada como um déficit (Harari, 2006). A clínica da psicose não se limitou aos muros dos hospícios. Pelo contrário, ela não somente torna-se paradigma na experiência analítica, como ainda contribui para o tema do fim de análise e de como se haver com o sintoma [*sinthoma*]. Embora ainda de forma hesitante, Lacan introduz, no Seminário 23, a noção de inconsciente real:

> Trata-se de situar o que o *sinthoma* tem a ver com o real, o real do inconsciente, se o inconsciente for real. Como saber se o inconsciente é real ou imaginário? É efetivamente a questão. Ele participa de um equívoco entre os dois. (Lacan, [1975] 2007, p. 98)

Dando tratos à questão do inconsciente em seu último ensino, Lacan ([1976], 2007, p. 131) prioriza o corpo como aquilo que pode distinguir real e inconsciente, como vemos no capítulo "Do inconsciente ao Real", do Seminário 23: "Na medida em que o inconsciente não deixa de se referir ao corpo, penso que a função do real pode ser distinguida dele." Também é o corpo, a relação com os órgãos, o que produz enigma na esquizofrenia, como sendo o particular do esquizofrênico, "que se caracteriza por não poder resolver seus problemas de ser falante como todo mundo, apelando para os discursos estabelecidos, discursos típicos" (Miller, 2003, p. 7). A tese lacaniana de que o homem tem um corpo serve para constatar que "somos todos esquizofrênicos porque o corpo e os órgãos do corpo constituem problemas para nós, salvo que nós adotamos posições típicas, soluções pobres." O esquizofrênico, de forma acentuada, marca a dificuldade do ser humano em dar função aos seus órgãos, o que leva Miller (2003, p. 9) a evocar como especificidade do humano o "habitar a linguagem", tese colhida em Heidegger, assim tomada por Lacan no "Aturdito":

> [...] deste real: que *não há relação sexual*, pelo fato de que um animal, d'estabitat [*stabitat*] que é a linguagem, por *abitalo* [*labiter*] que para seu corpo cria um órgão – órgão que, por assim lhe ex-sistir, determina-o por sua função, desde antes que ele a descubra. É justamente por isso que ele fica reduzido a descobrir que seu corpo não é sem órgãos, e que a função de cada um deles lhe cria problemas – coisa pela qual se especifica o dito esquizofrênico ao ser apanhado sem a ajuda de nenhum discurso estabelecido. (Miller, [1972] 2003, p. 475)

Apesar da expressão *inconsciente real* não ter se fixado no ensino de Lacan, não deixa, no entanto, de constituir preciosa chave para o entendimento da clínica lacaniana contemporânea.

Psicanálise versus Psicoterapia

Em *Televisão* ([1973] 2003, p. 513), Lacan ([1977] 2001, p. 6) lança a fórmula "(...) a psicoterapia, (...) um bem que leva ao pior". E acrescenta em "A Abertura da Seção Clínica": "Não vale a pena terapeutizar o psiquismo". Freud também pensava assim: "não deveríamos nos apressar em curar". A necessidade de distinção provém do fato de a psicanálise aplicada à terapêutica ser confundida com a maré das psicoterapias. O futuro da psicanálise depende do sucesso ou não da resistência em "psicoterapeutizá-la", seja pela degradação da prática, da teoria ou da causa analítica. Em que se opõem psicoterapia e psicanálise? Não atuam ambas por meio de palavras?

Quando se postula um fim para a experiência analítica, fica claro que não se o alcançará descrevendo os efeitos terapêuticos obtidos em seu curso. Efeitos terapêuticos também podem resultar da operação analítica; mas não constituem 'O' objetivo da análise. Dissociar o fim da análise dos efeitos terapêuticos, podendo estes vir por acréscimo, marca a distinção entre a psicanálise pura e a aplicada.

Para Leguil (em curso de J.-A. Miller, de março de 2001), Lacan ([1967] 2003, p. 251) critica a ilusão de que a terapêutica seria o objetivo da psicanálise, principalmente quando visa o restabelecimento de um estado primário. Aí Lacan dissipa igualmente a ilusão de que a medicina clínica se tornaria mais eficaz nos tempos atuais, em termos de terapêutica. Pelo contrário, a medicina científica substituiu simbolicamente a medicina clínica pelos laboratórios de exames em geral. Para os médicos, o real não é mais o que surge na clínica, mas o que responde aos protocolos terapêuticos. Diminuídos ficaram, por um lado o sujeito, por outro a subjetividade do observador.

Existe uma disjunção entre psicanálise e psicoterapia; como dizer dos efeitos terapêuticos de uma psicanálise sem transformá-la imediatamente em uma terapêutica? A psicanálise aplicada é o que permite uma saída para esse dilema, na medida em que se muda a forma de postular o problema. Não é mais uma psicoterapia psicanalítica, mas sim "uma psicanálise aplicada ao mal-estar da cultura e ao sofrimento de cada um" (Brousse, 2003, p. 121). Resta-nos dizer o que se aplica.

Além da definição de terapêutico em Lacan no artigo intitulado "Proposição de 9 de outubro de 1967", Brousse (2003, p. 122) chama-nos a atenção para outra, que se encontra em "Ato de Fundação" ([1964] 2003):

> A Psicanálise [...] distinguiu-se a princípio por dar acesso à idéia de cura em seu campo, ou seja: dar aos sintomas seu sentido, dar lugar ao desejo que eles mascaram, retificar de modo exemplar a apreensão de uma relação privilegiada [...] com o Outro.

Para essa autora, a psicanálise aplicada apresenta-se como uma resposta às dificuldades de pensar a cura em psicanálise, o sujeito sem as estruturas clínicas e a relação do sujeito com o Outro. Apoia-se ainda nesse artigo dos *Outros Escritos* (2003) para afirmar que, após uma psicanálise aplicada, o sujeito se depara com um estilo de vida, que é o que Lacan ([1971], p. 244) escreve:

> A nos atermos ao mal-estar da psicanálise, a Escola pretende oferecer seu campo não somente a um trabalho de crítica, mas à abertura do fundamento da experiência, ao questionamento do estilo de vida em que ela desemboca.

Por um lado, temos o fundamento do que é uma experiência analítica e, por outro, o estilo de vida como consequência de uma análise, quer dizer, ela nos propõe entender assim a diferença entre a cura, por voltar a um estado primário, a uma pretensa normalidade, que já vimos não existir na psicanálise, e o viver por uma causa, que seria o resultado de uma psicanálise aplicada: o encontro com um estilo de vida, o estilo como o gozo que passa por um tratamento psicanalítico. O primeiro diz respeito à psicoterapia, com sua vertente adaptativa, e o outro à psicanálise aplicada.

Em seu intuito de fundamentar ainda mais a experiência da psicanálise aplicada, a autora nos propõe como pontos de basta três 'S' (Sujeito, Suposição e Saber) e um objeto a. São os três 'S' do matema da transferência. É importante assinalar aqui uma inversão do que tradicionalmente se diz sobre o sujeito suposto saber como o pivô da transferência: para Miller (2005, p. 18), o último ensino de Lacan diz outra coisa, inverte a frase, o que o leva a afirmar que a transferência é o pivô do sujeito suposto saber. E elucida a inversão, avançando que o que faz existir o inconsciente como saber é o amor; sendo assim o "inconsciente primário não existe como saber (...) e uma psicanálise demanda amar seu inconsciente para fazer existir não a relação sexual, mas a relação simbólica."

Para Nunes de Mello (2007), é na junção de Kant com Sade feita por Lacan que nos deparamos com um sujeito que podemos incluir como objeto em uma pesquisa, pois não se trata do mesmo sujeito suturado pela ciência. O sujeito cartesiano, que se tornou paradigma para toda a cultura ocidental moderna, um sujeito senhor de si, deu lugar ao sujeito da psicanálise, mas é a partir desse inesperado casamento do par Kant com Sade que podemos dizer que algo escapa à tentativa de sutura do sujeito, que é

> [...] na constatação de que há algo no sujeito que escapa ao seu consentimento, à sua disciplina; algo determina seus pensamentos, mas que, no entanto, é ele mesmo na condição de um outro. [...] Da religião à psicoterapia o que se procura é reforçar este núcleo central de um sujeito para que ele não tenha mais surpresas e não seja pego no seu próprio delito. (Mello, 2007, p. 31)

Psicanálise Pura, psicanálise aplicada e psicoterapia

Lacan ([1964] 2003, p. 236), em seu "Ato de Fundação", aborda alguns problemas no "confronto contínuo entre pessoas que tenham a experiência da didática e candidatos em formação", destacando a "necessidade que resulta das exigências profissionais, toda vez que levam o analisante em formação a assumir uma responsabilidade, por menos analítica que seja." Interessa-nos, em especial, verificar como dar conta da "necessidade" do "analisante em formação" face às "exigências profissionais" ao tomar uma responsabilidade, assim definida por Lacan ([1964] 2003, p. 236): "por menos analítica que seja". E acrescenta: "É no interior desse problema, e como um caso particular, que se deve situar o problema da entrada em supervisão".

Além da supervisão, como um caso particular, que abordaremos mais adiante, que outra solução pode ser destacada? A exigência profissional, "por menos analítica que seja", toca a questão da psicanálise aplicada à terapêutica, importando mais os efeitos terapêuticos que o fim da análise, assim como o exercício da psicanálise que ocorre fora do discurso analítico no senso estrito (lacaniano). Em "Psicanálise e Psicoterapia" (texto não publicado), como interveio no Congresso de Estrasburgo (1969), Lacan ([1964] 2003, p. 236) se interroga a respeito da psicoterapia de inspiração psicanalítica:

É um elemento necessário ou contingente, favorável ou discrepante para a formação dos analistas? A diferença, já que ambas, psicanálise aplicada e psicoterapia, atuam por meio de palavras e se interessam pelos efeitos terapêuticos, provém do lado da ética.

Como falar de ética da psicanálise e do desejo do analista fora do discurso analítico *stricto sensu*? Evocando a identidade freudiana da psicanálise, responde Miller (2003e), quando questiona, primeiro, o desejo de "terapeutizar" pessoas que não pediram terapia. Ou seja, só podemos falar da ética da psicanálise quando o desejo do analista se torna mais forte que o de ser mestre. Para Lacan, às vezes, é tão cara a condição de doente, que este procura apenas a autenticação: ser tratado de forma a lhe permitir continuar a ser doente. Assim, inverte a pergunta sobre o lugar da psicanálise na medicina: "O doente demanda a cura?" (Lacan, [1996] 2001, p. 10).

A presença dos psicanalistas nas instituições torna mais relevante a preservação daquilo que se faz em nome da psicanálise aplicada à terapêutica, por menos analítica que seja: nas apresentações de pacientes, em hospitais gerais, em centros de estudo e pesquisa sobre álcool e drogas, em hospitais-dia, em CAPS etc. As condições para autenticar o trabalho dependem do quanto nos distanciamos da 'identidade freudiana da psicanálise'. Quanto mais distantes ficamos, maior será o risco de 'terapeutização' da psicanálise. Para reduzirmos os riscos, temos de, pelo viés lacaniano, "fazê-los entrar pela porta; que a análise seja o umbral e que haja verdadeira demanda" (Lacan, [1975] 1976, p. 32). A demanda de análise formula-se pelo sintoma e, por aí mesmo, particulariza-se. O risco de 'terapeutização' da psicanálise só pode ser pensado em relação ao desejo do analista. Contra esse risco o psicanalista se engaja e se torna participativo no plano social, à luz do ato analítico.

Quando se fala de psicanálise pura e aplicada entende-se, para Miller (2007), que os resultados da primeira são convertidos na segunda, na medida em que o praticante, como resultado de uma análise, que não é breve, nem programada e nem gratuita, opera na psicanálise aplicada. Mas também a psicanálise aplicada incide na pura. É o que pretendemos mostrar por meio de duas vinhetas clínicas. Escolhemos abordar o tema da função paterna nessas vinhetas, para interrogar o suposto desejo do pai. A primeira refere-se a um rapaz, que se endereçou a um centro de psicanálise aplicada (Centro Lacaniano de Investigação da Ansiedade), associado ao Instituto do Campo Freudiano em São Paulo. A segunda destaca o recorte feito de quatro entrevistas realizadas com um casal, que nos procura no consultório para o tratamento da filha.

O que a psicanálise aplicada ensina à psicanálise pura? Pode-se extrair da clínica da psicanálise aplicada o que esta ensina à psicanálise pura, tanto em centros de atendimento quanto nos consultórios. O fio condutor que une esses dois casos atendidos em contextos distintos servirá não somente para colocar à prova a psicanálise aplicada como também para extrair dela um ensino que possa servir à psicanálise pura: como um tratamento breve e com efeitos terapêuticos rápidos pode interrogar o suposto desejo do pai?

O jovem rapaz busca atendimento porque não pode esperar: queixa-se de ansiedade, principalmente quando tem de esperar algo. Relata, na entrevista de acolhimento, que perdeu a mãe aos 14 anos de idade e esta, no dia em que saiu de casa para ser hospitalizada, lhe disse: "Espera seu pai voltar". Vive com o pai, do qual se diz dependente por não ter condições de morar sozinho. Considera-se desempregado, embora seja cabeleireiro e trabalhe de forma autônoma.

Nesse centro de atendimento, o dispositivo é coletivo e oferece – a partir do significante ansiedade (Centro Lacaniano de Investigação da ansiedade), escolhido para substituir o da angústia e permitir à psicanálise estar à altura de sua época – uma possibilidade de atendimento a pessoas que não chegariam aos consultórios dos psicanalistas. Trabalha-se em grupos (oficinas), sempre abertos, não há espera. Os pacientes são recebidos pela comissão de acolhimento e encaminhados aos grupos, que se reúnem duas vezes por semana, em duas manhãs, das 9h30 às 11h30; além disso, são vários os praticantes. Cada praticante coordena uma oficina fixa no mês (ex: a primeira segunda-feira do mês); são oficinas de fala com alguma forma de mediação: desde a leitura do DSM IV, passando por oficinas de escrita, de leitura de contos ou artigos da mídia, há oficina que usa o filme como mediação ou música, até mesmo a voz-objeto *a* é oferecida como um mote inicial para fazer falar, sobre a ansiedade, e chegar ao particular da angústia de cada participante. A construção do caso é produto de uma elaboração coletiva, ainda que seja redigido, como o é neste texto, apenas por um. O jovem rapaz frequenta o centro de atendimento, mas não vem regularmente. Não sabe esperar, mas faz-se esperar. Veio duas vezes, melhorou e parou. Mas retorna ao ficar novamente ansioso, e explica que melhorou porque uma das psicólogas 'pegou no ponto' e o fez chorar, mas não revela nada sobre o ponto em que foi pego. E comenta com a psicóloga do acolhimento: "não dava nada para aquela baixinha que pegou no ponto". A questão com o pai, que surge, mostra-o ambíguo, não sabe se é o pai que o quer independente, empregado, para assim poder morar com a namorada, ou se é ele mesmo que se quer independente. Todos cobram dele maior independência: a namorada, o pai etc. Já tentou resolver esse problema em uma terapia de vidas passadas, em que viu que na outra vida o pai também foi da polícia, da polícia militar, mas nesta vida é policial civil aposentado. Na outra vida aparece casado e a esposa no instante de sua morte afirma que irá acompanhá-lo para o resto da vida. Em outra oficina descreve cenas do pai na infância: distante, seco ou até surrando-o. Mas este pai muda após a morte da mãe. Por um lado, a mãe lhe diz que espere o pai; por outro, o pai muda radicalmente, procurando aproximações, tentando substituir a mulher. Nossa hipótese sobre a função paterna neste jovem é que o pai, ao tentar suprir a orfandade do filho, se contrapõe ao trabalho do luto deste, produzindo como efeito um amálgama entre o desejo da mãe e o do pai.

Na segunda vinheta clínica, trata-se de um casal preocupado com uma filha adolescente adotada. São quatro entrevistas e, na quarta, pedimos que trouxessem a filha adotiva.

1ª entrevista:

A mãe telefona e consente em vir a uma entrevista na qual pergunta se o pai poderá comparecer junto. A dúvida tradicional das análises de crianças e adolescentes aqui se inverte, o pai pede licença para ser incluído, quando geralmente ele nega ter contato com profissionais da área psi.

Trata-se de um casal com quatro filhos, sendo a quarta adotada, e é esta que lhes traz problemas. Apresentam-se bastante assustados, não sabendo mais a quem recorrer, e a ideia de estar diante de um psicanalista os intimida. Mas, vence a vontade de entender o que acontece com a filha. Relatam situações cotidianas que revelam o temor quanto às possíveis tendências incontroláveis da menina: prostituição, furto e até incorporação de espíritos malignos. Questionamos o casal sobre a hipótese de ser uma rebeldia adolescente, típica da posição do caçula nas famílias contemporâneas, agravada pelo fato de o caçula apresentar diferenças marcantes com respeito aos irmãos maiores: a cor da pele e o fator adoção. A questão que faz vacilar a certeza produz um efeito apaziguador e eles passam a falar espontaneamente da história da adoção.

2ª entrevista:

Falam de uma mudança significativa na relação com a filha adolescente, deixam de trancar as portas do quarto deles e pedem para os irmãos fazerem o mesmo. A mãe relaxa a vigilância nas conversas da filha pelo celular, etc. E, embora tenha medo de que a filha pegue coisas das visitas, percebe que os objetos que a interessam não têm grande valor comercial: um chaveiro da irmã, um sapinho de pelúcia etc. É com a irmã mais velha que sente maior ciúme; os outros dois irmãos são homens. E o dinheiro que furta é para falar ao celular, pois moram em um sítio.

Segue-se então o relato da história da adoção, no qual, por um lado, fica evidente o momento da decisão de adoção por parte do pai e, por outro, a hesitação da mãe em tirar o bebê dos braços da mãe biológica, conforme nos confessa: "Teria adotado as duas: mãe e filha". Foi o pai que, tendo perdido a mãe, ouviu falar e encontrou, no dia das mães, a criança que iria adotar. Essa criança tinha dois meses e vivia com a mãe biológica em uma estrebaria. Ambas foram expulsas da casa do pai, um traficante. Imediatamente, ele as leva para casa. A mãe, por sua vez, fala do amor que sentiu pelo bebê, amor entremeado de culpa. E percebo os artifícios que usou para aplacá-la: combina que cuidará do bebê até a mãe 'verdadeira' encontrar um emprego e vir buscá-lo. As duas mantiveram contato telefônico enquanto durou a história de ela cuidar do bebê da outra. Depois, não ouvirá mais falar dessa mãe.

3ª entrevista:

Retornam após duas semanas de intervalo. Seguem visivelmente aliviados. A mãe sossegou em relação aos 'supostos' homens mais velhos, que levariam sua filha, sugestionando-a. Flui melhor a conversa entre as duas, a tal ponto que a filha menciona uma barreira à conversa.

O pai mostra-se muito conversador e conta, como protagonista que é, os detalhes da história: soube do bebê durante um passeio pelos arredores do sítio em pleno dia das mães, tendo a sua mãe falecido dois meses antes. Os pais dele morreram de cirrose por alcoolismo e ele mesmo sofria desse mal, do qual tentava se livrar: o atoleiro da bebida. Isso nos leva a propor-lhes que pensem na relação entre a data da morte dessa mãe, a avó, e a idade da criança adotada. A resposta chega como um raio: essa criança nasceu no mesmo dia da morte daquela que teria sido a avó. O dia em que a encontra e decide adotá-la, é também aquele em que se completaram exatos dois meses da morte de sua própria mãe. A data da adoção fica ofuscada pela vacilação da mãe adotiva, ao hesitar em tirar o bebê dos braços da mãe biológica.

4ª entrevista:

Entram os três na sala e a jovem adolescente apresenta-se tímida, embora não desconheça a situação, pois, desde criança, aprendeu a lidar com profissionais da área psi.

Perguntamos à jovem como ela pode ajudar no tratamento dos pais, pois, no decorrer da segunda entrevista, já havia ficado bem claro que se tratava apenas de edipianizar a história de adoção. Edipianizar a adoção pelo lado daquele que a nomeia: o pai, e não tanto do lado do sujeito da incerteza quanto à origem. O Édipo-sintoma é o nome da resposta sintomática à hiância entre a biologia e o semblante (Stiglitz, 2005, p. 12).

A jovem adolescente já seguira vários tratamentos e não nos parecia, no relato dos pais, apresentar problemas que justificassem inseri-la em outro tratamento, mas quisemos encontrá-la para corroborar esta hipótese. Ela se queixa dos pais, exatamente como adolescente que é, diz que a mãe vive ocupada e o pai briga às vezes injustamente. Acrescenta uma queixa dos irmãos, que não a incluem nos programas; desde pequena é assim, e isso não se justifica apenas pela diferença de idade. Nesse momento, o pai traz à baila o elemento que esclarece a decisão de adotar um bebê de cor: até então eles não haviam mencionado que a cor da criança estaria na raiz do desejo de adoção, e que o desejo sempre existiu nele e a esposa compartilhava do mesmo, embora adiando o projeto. Para ele é diferente, aconteceu e ele não sabe muito bem como explicar. Pelo fato de ele ter sido amamentado por uma ama-de-leite negra, surgiu o desejo de adotar uma criança negra. Desejo este que se cumpre no dia das mães.

Nas duas vinhetas clínicas há um desejo de mãe no pai, ou seja, os dois pais desejam uma mãe e colocam em cena uma apresentação fantasmática do desejo do pai. Enquanto, no primeiro, o suposto desejo do pai aparece como a função universal do pai todo-amor com seu filho, órfão da mãe (rechaçando a figura do pai seco e violento); no segundo caso, o desejo do pai se revela na decisão de adotar uma criança, colocando-se como reparador universal das crianças sem pai.

Interrogar o suposto desejo do pai é interrogar o fracasso da função do pai, apontando o impossível dessa função universal do pai (Laurent, 2005, p. 104), seja a do pai todo-amor que quer substituir a mulher na relação com o filho, seja a do pai reparador da função universal, suprindo assim as crianças abandonadas pelo pai, condenando a filha ao lugar de objeto. A suplência, menina no lugar da mãe morta, repara o não ter sido amamentado pela mãe, e sim pela ama-de-leite negra. São duas particularidades de falha do pai em relação à sua função, e, consequentemente, dois artifícios do pai que se revelam, produzindo efeitos terapêuticos. O primeiro, ao fazer emergir a questão com o pai no discurso do jovem rapaz, declinando às várias figuras de policial, militar ou civil, nesta vida ou na vida passada, que se encontravam encobertas pela figura do pai amalgamado com o desejo da mãe, a figura do pai todo-amor/substituto da mãe. Desfazer o amálgama tem o intuito de fazer surgir o Édipo-sintoma, um nome do pai entre outros. O último ensino de Lacan alerta-nos para o Édipo como suplência (Skriabine, 2005, p. 105), para além da crença no pai. O segundo, fazendo vacilar a certeza sobre o desejo do pai que funciona como suplência: menina no lugar da mãe morta. Nesse caso, é o Édipo do pai que está em questão, explicitado no desejo de mãe desse pai. A adoção, por parte do pai, identificado como está com o bebê, surge da necessidade de suprir o não ter sido amamentado pela mãe. O tema da adoção estende ao casal parental a incerteza referente ao pai na linhagem, não há só *pater semper incertus est*. Edipianizar a história da adoção para se servir do pai como aquele que aponta a causa como vinda de fora leva a desatar da hiância "pais-biológicos-pais adotivos" (Stiglitz, 2005, p. 12).

No caso desse casal, tratou-se de fazer vacilar a certeza da suplência para permitir à menina ser integrada à série dos irmãos, como uma a mais. Que ensino extrair das entrevistas desse casal? O que essa experiência e aquela praticada em Centros ensinam à psicanálise pura, ensino este que garanta os princípios da prática lacaniana? Trata-se da solicitação que é feita à psicanálise. Defrontamo-nos, na psicanálise aplicada, com "a solicitação de uma urgência que não se tem certeza de satisfazer" (Lacan, [1976] 2003, p. 569). Pierre Naveau (2005, p. 63) nos chamou a atenção para esta frase de Lacan ([1976] 2003, p. 569), que se encontra no "Prefácio à edição inglesa do Seminário 11": "A oferta é anterior à solicitação de uma urgência que não se tem certeza de satisfazer, exceto depois de pesá-la".

Falamos de uma clínica sem garantia, cuja possibilidade de satisfazer a solicitação de uma urgência é pesada, medida no caso a caso. A satisfação de uma urgência no início do tratamento deve pesar na expectativa de uma solução que visa à singularidade absoluta. Mas pode também pesar favoravelmente nos pequenos arranjos, que fazem o cotidiano de uma prática de psicanálise aplicada. A clínica dos nós borromeanos, o nome do pai como quarto termo que enlaça os registros soltos ou o pai como *sinthoma* (Schejtman, 2004, p. 137), marca o Nome do Pai como resíduo irredutível, assegurando sua consistência ao nomear o impossível (Laurent, 2005, p. 108). Ao questionar o suposto desejo do pai, avançamos na direção do pai real, que, na psicanálise lacaniana, faz do pai biológico um "ponto de desconhecimento"? (Laurent, 2006, p. 3). Esta é a aposta que fazemos ao colocar a psicanálise aplicada à altura de sua época, obtendo resultados singulares, que não sejam reabsorvidos pelo mal-estar globalizado.

Psicanálise aplicada à terapêutica

O movimento da Associação Mundial de Psicanálise (AMP), ao promover uma pesquisa internacional sobre a psicanálise aplicada (PIPOL), indica uma mudança do vetor da investigação. Na psicanálise pura, o vetor incide na análise do analista, o analista produto de uma análise, enquanto, na psicanálise aplicada, a interrogação incide sobre o praticante (Brodsky, 2003).

Investigar a prática, o exercício da psicanálise, só pode acontecer no âmbito da Psicanálise Aplicada, uma vez que, na investigação da Psicanálise Pura, a prática fica descartada. A verificação realizada no passe – dispositivo proposto para verificar o final de análise – está desvinculada da prática do passante – cuja função é a de transmitir a experiência de análise do candidato ao passe – que, a rigor, pode inclusive não ser praticante. Lacan enfatiza que a Psicanálise Aplicada, ou, mais exatamente, a Seção de Psicanálise Aplicada, diz respeito à terapêutica, e Jacques-Alain Miller cunha a expressão "Psicanálise aplicada à terapêutica".

Freud pensava a aplicação da psicanálise a outros domínios do saber: arte, filosofia e religião, mas fora do campo das afecções psíquicas. Nesse sentido, para ele, não haveria aplicabilidade possível da psicanálise, chegando até a interrogar a utilidade da Psicanálise para a medicina como formação e não sua aplicação no sentido de obtenção dos efeitos terapêuticos (Manzetti *et al*, 2002, p. 50). Mas há outros que pensam que "(...) Freud coloca no mesmo plano a aplicação do método analítico ao campo das neuroses e ao estudo de outros problemas inerentes à condição humana" (Souza, 2002, p. 25).

No debate em curso há, por um lado, a ideia da psicanálise aplicada concebida como a própria prática da psicanálise, e, por outro, a aplicação somente em casos em que o exercício da psicanálise acontece fora do Discurso Analítico *stricto sensu*. É um debate interessante, se fizermos uma equivalência entre Psicanálise Aplicada e prática da psicanálise. A psicanálise pura se tornaria a experiência do Analista da Escola (A.E.), *gradus* proposto por Lacan para nomear a verificação da emergência do desejo do analista ao final de uma psicanálise, válido igualmente para profissionais de outros domínios do saber (Lacan, [1976] 2003, p. 249). É levar Lacan ([1955] 1998, p. 331) ao pé da letra em "Variantes do tratamento padrão": uma psicanálise, padrão ou não, é o tratamento que se espera de um psicanalista. E todo o resto vira prática. Por outro lado, a investigação sobre os efeitos terapêuticos, que, no texto citado, aparecem como "os critérios terapêuticos da psicanálise", fica limitada aos momentos da experiência analítica em que a preocupação terapêutica prevalece.

Os dois lados da questão – se a psicanálise aplicada é a própria prática ou se a psicanálise aplicada é o exercício da psicanálise fora do Discurso Analítico stricto sensu – levam-nos a questionar os princípios da prática. Entre os dois, nos deteremos no último, cotejando a expressão "usos da psicanálise", que não se refere a uma prática singular, mas alude ao fato de que as condições de aplicação são variadas.

Quanto maior a variação da aplicação – fora do consultório, sem divã, com encontros espaçados – fica mais difícil afirmar a prática como psicanalítica, e torna-se imprescindível avançarmos na formalização dos princípios e também (por que não?) das regras. Retomando a definição, para Miller (2001), da psicanálise aplicada: "qualquer momento da experiência em que a preocupação terapêutica prevaleça", entendemos que o efeito terapêutico prevalece no interesse do praticante, em detrimento do fim da análise. Interessam as causas dos efeitos, assim como a avaliação dos resultados.

Vale então explorar o termo "terapêutico" em sua relação com a psicanálise, pois há de se diferenciar o terapêutico na psicanálise dos ideais terapêuticos na medicina, por exemplo. Lacan, na "Proposição..." (1967), comenta que não há definição possível de terapêutica a não ser o restabelecimento de um estado primário, e acrescenta que justamente essa definição é impossível de ser postulada pela psicanálise, pois assinala uma incompatibilidade.

A acepção de ideal como um modelo interroga a relação possível entre Psicanálise e Ideal, uma vez que a psicanálise não pretende ser um modelo. O modelo terapêutico provém da medicina científica, o científico entendido como "verdade solidamente estabelecida por provas adequadas". (Lalande, 1972, p. 959). Um método seguro no qual se pode confiar. O ideal terapêutico na medicina científica não se encontra na clínica, e sim nos exames de laboratório, como já descrito anteriormente, correspondendo à definição da "Proposição...". À Psicanálise corresponde um interesse terapêutico dissociado do Ideal. O terapêutico sem ideal, sem modelo, compatível com a psicanálise, é produzido por um discurso que o condiciona.

Lacan ([1973] 2003, p. 517) refere-se ao Discurso do Analista em *Televisão*, e postula a ideia de que o inconsciente ex-siste a um discurso. E não o contrário, como pensaram alguns, de que ele fundamenta essa ideia de discurso na ex-sistência do inconsciente. Aí também ele define: "o discurso que digo analítico é o laço social determinado pela prática de uma análise".

A psicanálise aplicada fora do Discurso Analítico stricto sensu lacaniano implica um terapêutico produzido na experiência, que não acontece apenas "por acréscimo", na rota do fim da análise. A psicanálise aplicada fora do Discurso Analítico stricto sensu é produzida por um Discurso Analítico *lato sensu*; efeitos terapêuticos dissociados de um ideal são produzidos, poder-se-ia dizer, por um discurso analítico *lato sensu* que os condiciona. Os efeitos terapêuticos na psicanálise são sempre condicionados por um discurso, lato ou stricto sensu.

A prática lacaniana não opera com os *standards* e, portanto, não toma consultório e divã como garantes da presença do Discurso Analítico stricto sensu lacaniano. A segunda clínica de Lacan permite extrair princípios psicanalíticos das mais variadas aplicações, pois é o particular condicionando à experiência.

A Prática da Supervisão

Vejamos como isso funciona na prática da supervisão. Tomaremos alguns exemplos para ilustrar a questão. Começaremos com um caso de consultório, com isso pretendemos evitar confusões tais como a de que a psicanálise aplicada é a que ocorre na instituição enquanto a pura acontece nos consultórios.

Recortando o caso em uma sequência, não necessariamente cronológica:

1) A Escola condiciona a matrícula de uma jovem de 13 anos à consulta com um psiquiatra.
2) Esta jovem foi abandonada pela mãe quando contava 5 anos de idade e, desde então, criada pelos avós 'supostamente' adotivos.
3) Ela mimetiza com facilidade aspectos da vida dos colegas a ponto de convencer a Escola da autoria de várias infrações.
4) Vive confinada na casa dos avós, que se descobriram enquanto tal, quando o filho do casal revelou ser o pai da jovem. Ele engravidara a mãe da jovem, que fora criada em sua casa como irmã.

A supervisão busca assinalar, nesse atendimento psiquiátrico, a questão do diagnóstico que poderá orientar a relação da jovem com os avós e com a Escola. Importa, neste caso, o psiquiatra estar às voltas com a sua formação psicanalítica, sustentada no tripé: análise, supervisão e estudo. Para Chamorro (2003, p. 62), na supervisão deve-se manter a referência na prática do supervisionando; assim, no caso desse praticante a referência é sobre a psiquiatria. Segundo ele, a posição do analista sempre esteve protegida

> [...] pelo horizonte de não resposta à demanda, seja em sua forma ritual, ou em sua forma de não resposta à demanda de sentido, que Lacan formulou sob a forma: 'Evitem compreender'. Já o analista, demandado por uma supervisão, não está protegido por esse horizonte, muito pelo contrário, deve dar uma resposta que se supõe imediata durante a própria supervisão. Deve dar provas do que sabe, com todas as consequências e riscos que essa posição implica.

Abordar a supervisão como princípio da prática lacaniana tem como fundamento assinalar a posição mais exposta a riscos que essa prática requer, principalmente nas supervisões de equipe nas instituições. Mas também nos consultórios, como neste exemplo de supervisão, a psicanálise aplicada envolve um risco porque está em jogo a formação daquele que nos demanda a supervisão. Para Cottet (2003, p. 47),

> [...] a supervisão é um lugar privilegiado na formação clínica do analista. Se a análise pessoal é o que faz emergir o desejo do analista, a supervisão contribui para o seu amadurecimento. Parafraseando Kant, um desejo sem formação é cego, uma formação sem desejo é vazia.

A consulta ao psiquiatra veio como exigência da Escola, que, por sua vez, tentava se precaver dos riscos que a jovem poderia representar para seu 'grupo' de identificação: os colegas de sala. Quem procura a consulta são os 'avós adotivos' que se descobrem 'avós biológicos', pela revelação do filho, e, na realidade, funcionam como pais da jovem. O diagnóstico da jovem importa porque pode abrir a via para uma emergência da dimensão subjetiva, distanciando a jovem dos efeitos resultantes das tentativas de sua exclusão por parte da Escola. E o praticante, respaldado em seu discurso de analisando, pode seguir em sua formação.

Quando prevalece a preocupação terapêutica, na psicanálise aplicada, importa ao supervisor apontar a relação dos efeitos obtidos em função dos princípios da psicanálise, que, contrariamente à psicoterapia, Lacan (2003, p. 512) propõe, em 1973, que não se especule sobre o sentido, como a psicoterapia, pois é pelo viés do sentido que o lugar da psicoterapia pode ser confundido com o lugar do exercício da psicanálise (Miller, 2001, p. 19). Os efeitos obtidos pela psicanálise, quando esta não especula sobre o sentido, são superiores aos obtidos por outras formas de psicoterapia. Isso exige um esforço suplementar, por um lado, para não permitir o deslizar para a posição de psicoterapeuta e, por outro, exigir da supervisão um alto grau de domínio clínico, que permita dar respostas onde exista um risco clínico importante, pela prática ser exercida em contextos novos.

Seguiremos abordando a prática em supervisão, tomando como exemplo um caso atendido em instituição, apresentado conforme os padrões dos protocolos médicos, que, como indica Priszkulnik (2000, p. 3), se referindo ao diagnóstico médico, também aplicável nas doenças mentais, segue os seguintes passos:

[...] o médico clínico deve seguir um roteiro pormenorizado e rigoroso no processo de diagnóstico para o estabelecimento da hipótese diagnóstica (H.D.), necessária para a indicação do plano terapêutico. Para tanto, deve seguir passos que vão da observação clínica, que consta de identificação (I.D.), anamnese (queixa e duração: QD), história pregressa da moléstia atual (H.P.M.A.), etc., passando pelo exame físico e exames subsidiários com o intuito de alcançar a conduta (Cd.), que é o plano terapêutico eficiente e racional.

Angel, uma jovem de 26 anos, procurou o ambulatório do Jogo Patológico, com a seguinte queixa: "Tenho problemas com bingo por causa de remédios" (sic).

- **H.P.M.A. no caso de Angel:** a paciente relata problemas com jogo há cerca de 1 ano e relaciona esse comportamento ao uso de anfetaminas. Faz uso constante de anfetaminas há 1 ano e 6 meses. Relata perda do controle do jogo para avaliar emoções desagradáveis, passou a gostar à medida que aumentava a frequência aos bingos, passou a restringir outras atividades sociais, teve prejuízos financeiros, de relacionamento e mesmo assim continuou jogando.
Quando iniciou o tratamento, estava abstinente do jogo havia 20 dias, sentia-se triste, desanimada, pessimista, baixa autoestima, dificuldades para dormir, diminuição do apetite, choro fácil, preocupações, irritabilidade e, havia alguns meses, de forma acentuada certa anedonia.
Desde a infância fazia dietas. Por ter sido uma criança "gorda" era levada a um endócrino. Aos 15 anos, começou a provocar vômitos após as refeições, chegando a vomitar várias vezes ao dia. Ficou em amenorreia por 4 meses, com peso de 43 kg (IMC=15,8). Acha que os pais desconfiaram, pois "Tive perda do esmalte dentário pelos excessivos vômitos" (sic).
Ganhou peso e voltou a menstruar. No entanto, manteve comportamento de provocar vômitos, uso de laxantes e dietas durante dois anos ininterruptos.

Após esse período, passou a consumir anfetaminas, compradas pela Internet. Parou com os vômitos e os laxantes, mas aumentou o consumo de anfetaminas, das quais fez uso diário durante um ano e meio, às vezes 5x por dia. Seis meses depois disso, começou a ter problemas com o jogo. Outra queixa que faz são as compras excessivas, que faz por impulso, em quantidade e de objetos sem necessidade. Teve prejuízo financeiro, diz que "compra para se distrair dos problemas" (sic). Não planeja e tem vontades repentinas e incontroláveis de comprar.

- **H. D. para Angel:** Jogo Patólogico. Transtorno Alimentar Oniomania Dependência de Anfetaminas.

A paciente faz acompanhamento psiquiátrico, nutricional e psicoterápico individual. Está em tratamento há 5 meses e meio e abstinente há 2 meses. Desde que iniciou o tratamento, teve uma recaída, mas, em relação às compras compulsivas, não teve nenhum episódio.

A diminuição do uso de anfepramona foi administrada junto ao psiquiatra responsável pelo caso, não faz uso da substância há 4 meses. E relata estar se sentindo bem.

Faz acompanhamento com nutricionista e, depois que parou de consumir anfetamina, sentiu aumento do apetite e está se alimentando melhor. Diz que "há 4 anos não comia comida" (sic), apenas guloseimas. É tabagista, consome cerca de 1 maço/dia. Observa também uma melhora do sono, que era uma das suas queixas: "Eu vi que engordei mas acho que estou assim também porque estou sem atividade nenhuma, preciso voltar a trabalhar logo" (sic).

- **Comentários da supervisão:** Em primeiro lugar, a importância da supervisão na prática lacaniana, mais uma vez, reside no fato de não haver obrigatoriedade, ou seja, a supervisão não é um critério-padrão da formação do analista. A Escola tem o dever de oferecer supervisões, promovendo uma "sensibilização ética em relação à exigência de verificar a própria prática clínica, ainda que não haja nenhuma forma de obrigação nesse sentido." (Recalcati, 2001).

A figura do herói moderno é eternamente adolescente e corporalmente bonito, desespera-se por desconhecer a dimensão do que falta e pela sensação de vazio produzida pela escassez de ideais que representem o sujeito. O narcisismo contemporâneo expressa uma apatia frívola, a promoção de um individualismo puro e uma ética hedonista (Naparstek, 2005, p. 143).

A paciente se encaixa bem na figura do herói moderno. Sendo criança "gorda", persegue o ideal: quer ter um corpo bonito. A passagem pela puberdade faz a criança "gorda" vislumbrar a possibilidade de se tornar magra, ou seja, atingir o patamar do corpo bonito. É quando começa a provocar vômitos, e o padrão criança gorda continua vigorando e exercendo pressão, apesar de chegar a pesar 43 kg, o que a faz manter o comportamento de provocar vômitos, usar laxantes e lançar mão de dietas.

O consumo de anfetamina substitui os vômitos e laxantes. Na visão psicanalítica, a substituição designa um deslocamento, pois a jovem poderia ter seguido provocando vômitos e fazendo uso de laxantes e dietas até a morte.

Houve um deslocamento espontâneo para outro tipo de transtorno do controle de impulso; passou-se de transtorno alimentar para uma dependência de anfetaminas. O objetivo continua sendo a imagem do corpo bonito.

A simultaneidade entre os tipos de transtornos que ela apresenta tem como ponto inicial o ideal do corpo bonito. Mas, alcançado o ideal, este, paradoxalmente, não vem acompanhado da satisfação esperada. Pelo contrário, além da substituição do vômito pelas anfetaminas, como forma de perpetuar a magreza idealizada, apresenta outros tipos de transtornos do controle de impulso: jogo patológico e oniomania; o que nos leva a pensar que a impulsividade nela provém da sensação de vazio.

O que são as "emoções desagradáveis" que ela busca aliviar através do jogo? Ou o que são os problemas através dos quais quer se distrair comprando?

Na visão psicanalítica, são essas emoções desagradáveis ou esses problemas que a fazem buscar na ação um alívio. A tendência a agir, ou a impulsividade, não encontra satisfação enquanto a pessoa estiver identificada a um sintoma. Acolhemos o sintoma ou o transtorno, mas não o confundimos com a pessoa. Existe, antes do transtorno, uma pessoa que está angustiada, mas ela se esquiva da angústia por meio do transtorno.

Dizer-se dependente adquire status de identidade; por meio dessa identidade, pode se relacionar com os outros jovens igualmente identificados aos transtornos contemporâneos. Atualmente, temos dependentes de internet, de iPod etc.

Esta jovem, aos 14 anos, já se identifica com o transtorno alimentar, dois anos depois vira dependente e, por último, jogadora e compradora compulsiva. Quantas identidades têm? Não será, na verdade, uma falta de identidade em decorrência da qual busca colecionar tantos transtornos quantas identidades forem possíveis? Pode-se falar em multi-identidades ao lado dos multi-impulsos?

Pesquisar por trás dessas identidades com as quais se apresenta qual é a questão que a leva a buscar desenfreadamente identidades torna-se um objetivo do tratamento desta jovem. Busca-se uma pergunta que se localiza no momento anterior à entrada do primeiro transtorno em sua vida, pois o transtorno é uma resposta, mas uma resposta muda.

As respostas mudas são cada vez mais frequentes nas diversas tentativas de dar conta do mal-estar do sujeito moderno. Os quatro transtornos são respostas mudas, individualistas.

O tratamento individual não pode ter como objetivo individualizá-la mais ainda. É importante, aqui, ressaltar a distinção entre individualismo e singularidade. A pergunta que se busca leva a singularizar, por isso localiza-se no momento anterior ao primeiro transtorno na vida dela, uma pergunta à qual tentará responder sobre as emoções desagradáveis, dando conta delas por meio da fala, e não mais da ação. Se interrompemos o circuito da ação, a singularidade emerge como efeito desejado que leva a formar laços sociais que não passam mais pela mesmice de falar com outros idênticos a ela. A identidade no transtorno produz o individualismo, modo de entender também o exercício da segregação. Os jovens, agrupados por transtornos, não se relacionam realmente entre si, pois falam o tempo todo sobre as mesmas coisas: a provocação do vômito, o jogo, as compras etc. Essa forma de identidade os identifica mais e mais ao transtorno. O jogador, o bulímico, o toxicômano etc. Portanto, trata-se de uma identidade que leva ao individualismo.

Os prejuízos decorrentes desse tipo de identidade com o transtorno contribuem para tornar maior o individualismo: a magreza excessiva perturba mais, quando os programas dos jovens sempre incluem a comida, o fast-food. A dívida do jogo ou das compras perturba e impede as saídas com outros jovens. As drogas, que estão entre as figuras do mal-estar na cultura, também levam ao isolamento e à segregação.

A dificuldade moderna reside em distinguir a fronteira entre individualismo e autonomia. Não é fácil, em nossos dias, separar quais são os bens oriundos da produção cultural e quais vêm do mercado de consumo. Até que ponto a internet e o MP3 geram dependência?

Localizar a questão que pode levá-la a questionar o transtorno não implica executar uma devassa na vida pregressa. Há nela um certo apelo ao Outro, que nos transtornos alimentares pode não haver em absoluto. Crê, por exemplo, que os pais estavam cientes, embora não converse sobre isso com eles; não os deixa de fora em sua fala, supondo-lhes coisas.

Apesar disso, os deslocamentos mantêm-se no circuito da ação: provocar vômitos, engolir pílulas, jogar, comprar.

Há de se introduzir a fala no lugar da ação, passar da ação à fala como forma de dar conta da angústia e, assim sendo, prescindir do transtorno.

A supervisão precisa dar conta do alto grau de domínio clínico que uma prática, que visa os efeitos terapêuticos, requer. Está em jogo um risco clínico importante nessa prática lacaniana que pretende ser exercida em contextos novos, particularmente em instituições: é o risco de não haver uma distribuição ponderada dos efeitos terapêuticos por parte dos psicanalistas. Não se trata de abolir o risco clínico, mas de mobilizar esforços na fundamentação dessa psicanálise de instalação móvel em relação ao enquadre, e susceptível de deslocamento (Miller, 2007b).

O diagnóstico, na construção do caso clínico, é um esforço de fundamentação, seja o diagnóstico de estrutura, seja aquele que é feito a partir da opção de gozo de cada um. Não se busca a particularidade em um universal, mas elevar o caso ao paradigma que, segundo Laurent (2003, p. 69), é o que Lacan faz na leitura dos casos de Freud. A eficácia na construção do caso clínico depende daquilo que ele transmite como algo novo, ou seja, o que se obtém pelo sintoma, mais exatamente "pela coerência do nível formal onde o sintoma se estabelece" (Laurent, 2003, p. 75).

A Teoria da Prática

A prática da psicanálise aplicada, induzida pelo último ensino de Lacan, passa a ser colocada em lugar privilegiado, abandonando uma certa periferia na qual estava confinada anteriormente.

Nossa atenção tem se voltado para o fato de não haver uma só teoria de Lacan; são muitas as teorias a formar o que ele nomeia como: 'meu ensino'. Disso decorre desenlaçar-se de Freud, que partiu da teoria para instituir a prática analítica, estabelecendo-se que "Freud foi o teórico que deu luz à prática e Lacan o prático que elaborou a teoria da prática" (Miller, 2003e, p. 20). Para Miller (p. 19),

> teríamos as maiores razões de acreditar que a psicanálise opera na vertente do sentido, e nada mais é do que o sentido como tal que foi a porta de entrada de Lacan na psicanálise. (...) Lacan entrou na psicanálise reintroduzindo o sentido.

E para comprovar, fornece referências de Lacan ([1948] 1998, p. 105) com relação ao sentido, uma delas em um texto antigo, "A agressividade em psicanálise": "Somente um sujeito pode compreender um sentido; inversamente todo fenômeno de sentido implica um sujeito". Para o Lacan da década de 1970, é o gozo que vem primeiro, mas a dialética impõe que partamos do Outro, do laço social, da identificação, para chegarmos ao outro, e seguirmos o caminho inverso (Laurent, 2002, p. 54). A formação da psicanálise implica, segundo Laurent (2002, p. 56), que o praticante seja capaz de responder às questões relativas à psicanálise pura, que, na análise dele, coloque o fim da análise como horizonte, as supervisões como necessárias; mas também

> médico ou não, que ele possa ter uma formação em psicanálise aplicada, conhecer as indicações e limites da psicanálise, formar-se na disciplina da entrevista clínica, na necessidade de saber orientar-se no diagnóstico e adaptar o tratamento aos diferentes projetos terapêuticos.

Por esse motivo, quando pesquisamos sobre a psicanálise aplicada, deparamo-nos com a presença da psicanálise nas instituições: buscamos aí os efeitos terapêuticos desprovidos dos instrumentos habituais (transferência como saber suposto, regra fundamental, divã, etc.) da prática analítica. Para Di Ciaccia (2003), há a inconveniência da instauração do Sujeito Suposto Saber em relação à posição autista, sendo que o encontro se dá a partir de uma presença desejante, ou seja, convoca o praticante da psicanálise a fazer uso da estratégia de se apresentar perante o autista com um vazio de saber. Uma posição que opera sem instrumentos, porém, não desprovida dos princípios psicanalíticos.

Essas experiências evocam algo que Freud ([1910] 1969, p. 207) postula em "A psicanálise Silvestre": "(...) não aceitar de imediato como verdade o que os pacientes, especialmente os pacientes nervosos, relatam acerca de seus médicos (...)". Entendemos esse princípio freudiano como equivalente à noção do "Outro que não existe" e como exemplo de como o praticante deve enfocar o discurso do paciente, mesmo que este faça consistir um Outro que lhe demanda. Para Lacan ([1960] 1998, p. 838), o neurótico identifica a falta do Outro com sua demanda: resultando que: "(...) a demanda do Outro assume a função de objeto em sua fantasia (...)". Assim, embora o desejo esteja vinculado ao desejo do Outro, o que passa a funcionar na neurose é o Outro que demanda, confundindo demanda e desejo.

O supervisor na instituição pode indicar ao praticante esta 'regra': "não aceitar de imediato como verdade o que os pacientes relatam acerca de seus médicos"; o intuito é preservar o lugar da psicanálise na instituição e, ao mesmo tempo, permitir ao praticante inventar modalidades para cada caso. Desenvolveremos, mais adiante, o que fundamenta a prática lacaniana na abordagem dos novos sintomas, em especial

> [...] a toxicomania como o grande paradigma das chamadas novas formas de sintoma [...] na medida em que se constitui como exemplo de um gozo que se produz no corpo do Um, sem que, com isso, o corpo do Outro esteja ausente. (Santiago, 2001, p. 14)

A abordagem do risco e do corpo ou, mais precisamente, os impasses da civilização do risco e suas incidências sobre o corpo foram as noções elegidas para uma reflexão sobre a prática da psicanálise lacaniana. Isso porque, para Lacan ([1958] 1998, p. 593), na experiência analítica o risco não está só do lado do analisando. Nessa perspectiva, afirma em "A direção do tratamento": "(...) o paciente não é o único a entrar com sua quota. Também o analista tem que pagar". Entendemos os termos 'quota' e 'pagar' como 'assumir riscos', e o analista o faz pagando com palavras, com a sua pessoa (corpo) e "com o que há de essencial em seu juízo mais íntimo, para intervir numa 'ação' que vai ao cerne do 'ser' (*Kern unseres wesens*, escreveu Freud): seria ele o único a ficar de fora?" (Lacan, [1958] 1998, p. 593).

O diálogo com a sociologia surge pelo interesse na categoria risco, por meio da qual ele designa a prática de um certo tipo de racionalidade (Ewald, 1986, p. 173), mas enquanto na sociologia o risco é calculável, na prática lacaniana ele garante a emergência da singularidade pela via invencionista do sintoma [*sinthoma*].

CAPÍTULO II

IMPASSES DA CIVILIZAÇÃO DO RISCO

Modo contemporâneo de gestão da sociedade

Para introduzir o tema da civilização do risco, é importante destacar nosso interesse, a partir da abordagem psicanalítica, em dialogar com a contemporaneidade: a prática da psicanálise lacaniana e sua fundamentação acerca do conceito de corpo, tendo a civilização como parceira.

A primeira aproximação desse diálogo será por meio da categoria "risco", muito embora o enfoque usualmente relacionado a esse termo envolva uma dimensão probabilística e estatística do social, pois o risco é calculável, relegando a um plano secundário as culpas pessoais e as atitudes individuais (Rosanvallon, 1995, p. 7). É nesse sentido que entendemos as dificuldades de aceitar correr riscos que apresentam certos sujeitos, pois tendem a se opor à transferência como saber suposto, demandando soluções e garantias do Outro. Para eles, o Outro sabe e pode garantir a solução do problema.

Quando Lacan questiona se o doente pede cura, visa o aspecto da responsabilidade (ou não) do sujeito perante o sofrimento do qual se queixa. Pertencer a uma classe, ainda que seja mórbida, isenta-o da subjetividade, ou responsabilidade, pela qual passaria a pagar um preço.

Perder de vista o indivíduo em sua singularidade foi, segundo François Ewald (1986, p. 149), um deslocamento epistemológico fundamental na sociologia, inaugurando a era das massas: "Não se pode ter conhecimento adequado do próprio indivíduo (...). Para atingi-lo em sua individualidade é preciso pegar o atalho através da massa, através do coletivo ao qual pertence." É uma forma de reduzir o ser de cada um ao seu ser social (p. 150), recusando a individualidade/particularidade para atingir o 'risco zero'. Se a ideia desse modo de individuação é feita a partir do grupo ao qual cada indivíduo pertence, a identidade social extrai-se de uma constatação estatística.

Em Lacan, a noção de inconsciente é função do Outro, função do discurso que o identifica: "O inconsciente é uma relação, algo que se produz em uma relação" (Miller, 2003d, p. 113). Entendemos aí que a dimensão do Outro determina o inconsciente; não há psiquismo individual. Se a dimensão do Outro for a do discurso do mestre/senhor, espera-se que o Outro venha a ditar a solução, ainda que o preço a pagar seja a sua própria captura.

Afirmar, com Lacan, que o inconsciente é uma relação não quer dizer que a dimensão do particular fica elidida. Trata-se de resgatar o ser na relação, ou melhor, na operação de alienação; pois só assim poderá separar-se, encontrar no desejo do Outro sua equivalência como sujeito do inconsciente. O sujeito do inconsciente é estruturalmente coordenado ao discurso do Outro, portanto, suposto aos significantes desse discurso, que o identificam e o veiculam (Miller, 2003d, p. 112). A ideia de um psiquismo individual concebido, segundo J-A Miller, como um mundo fechado, se afina com os sintomas oriundos das classificações dos DSM, resultado da aplicação do cálculo das probabilidades à estatística. Sendo que aí a referência é a norma, o normal estatístico, ou seja, sem a possibilidade de distinguir-se dos outros, de se destacar. O que resta para o sujeito é um mundo fechado, sem dialética com o Outro. O coletivo da norma reduz o sujeito a um solipsismo.

O homem mediano

Para Beck ([1986] 2001, p. 20), somos testemunhas oculares, como sujeitos e como objetos, de uma ruptura ocorrida no interior de uma modernidade que se emancipa a partir dos contornos da sociedade industrial clássica para adotar uma forma nova: a sociedade (industrial) do risco. Postula, assim, uma oposição clara entre modernidade e sociedade industrial: na sociedade do risco, inverte-se o domínio da lógica da repartição das riquezas sobre a lógica das repartições do risco (p. 26). Deter-nos-emos um pouco mais no séc. XIX, antes de prosseguir nesta via do contemporâneo.

No século XIX, a categoria risco levou o homem a buscar a resposta nos três registros do tempo: da ordem e da desordem na natureza; do mundo e da sociedade; e da existência do mal. Antes, buscava-se a resposta no conhecimento de Deus e, agora, é na atualidade da relação social que ela deverá ser procurada (Ewald, 1986, p. 10). Adolphe Quételet está na origem da abordagem estatística do fenômeno social no início do séc. XIX. Esse pesquisador aplica a teoria matemática do acaso ao estudo dos fenômenos sociais. Historicamente, coube a ele construir uma noção lógica da relação todo/parte que define o que se pode chamar de esquema sociológico (Ewald, 1986, p. 144). Para J.-A. Miller, essa é a mesma abordagem proposta pela epidemiologia em saúde mental na atualidade. Perder de vista o indivíduo inaugura a era das massas e supõe um deslocamento epistemológico fundamental na sociologia do início do séc. XIX, na busca de um *status* científico do conhecimento da sociedade. Quételet tenta estabelecer o que chamou de "física social", procurando na diversidade dos fenômenos a regularidade por meio de uma lei, e o faz aplicando o cálculo das probabilidades à estatística; a sociedade é, antes de tudo, o produto desse método.

O homem torna-se um ser social quando o "indivíduo aprende que (...) sua identidade é social, que ela não se encontra na intimidade da relação consigo mesmo, mas no grupo ao qual pertence" (Ewald, 1986, p. 150). A sociologia de Quétélet, segundo Ewald, é da ordem da constatação. Nela, noções como causa e lei são específicas; não há relação necessária entre os elementos. Assim, a noção de causa não designa a causalidade objetiva ou eficiente, mas expressa a oportunidade desse resultado se produzir mais ou menos frequentemente. As causas nada mais são que as chances de um fenômeno se manifestar. E é desse método que decorre a famosa teoria do homem mediano: um ser fictício. A teoria do homem mediano propõe um modo de individuação a partir do grupo, não mais os indivíduos tomados um a um: "não se pode ter conhecimento adequado do próprio indivíduo (...)." (Ewald, 1986, p. 149). A teoria do homem mediano representa a maneira propriamente sociológica de pensar a relação do todo com as partes. O homem mediano não é exatamente cada um de nós, mas somos todos, em parte, ele.

Ewald (1986, p. 159) destaca o trabalho de Foucault em *Vigiar e Punir*, no qual mostra como as disciplinas normalizam por meio de diferentes procedimentos. A normalização concernida na noção de homem mediano não parte dos indivíduos, tomados um por um, mas sim da massa. Não se procura explicar o criminoso, nem se há crimes na sociedade, simplesmente parte-se da constatação do aumento da delinquência nas zonas urbanas para afirmar que a vida urbana é causa da criminalidade, ou seja, é o comentário sobre a constância de uma probabilidade. Com o homem mediano não há universal (Ewald, 1986, p. 160).

Quételet e a tradição sociológica que inaugura evocam a realidade de um mundo em que a perfeição, o dever, o bem, o bem-estar estão em fazer parte da norma e da média. O ideal passa por ser o mais "socializado", e não por se destacar ou sair da norma.

J.-A. Miller (2004c, p. 85) insiste que, mesmo sendo extraída da estatística, a norma implica uma escolha política de se conformar com a norma, fazer da norma a lei. A ditadura da norma é um fator de estagnação. Para preservar a inovação de uma sociedade, é essencial que a norma não seja a lei, porque a lei mantém sempre sua ancoragem no Outro. Embora Durkheim tenha em Quételet uma referência, sua oposição a ele reside em afirmar a exterioridade da ordem social em relação aos indivíduos, e não partir da regularidade das ações humanas (Miller, 2004c, p. 84).

Conformar-se com a norma é o avesso da psicanálise, pois esta se coloca contra as identificações do sujeito, desfazendo-as uma a uma. É necessário evocar aqui a dimensão política do Outro, reduzindo sua função ao significante-mestre. Nesse discurso, o sujeito falante está fadado a receber do Outro os significantes que o representam, que o capturam e o atrelam a um trabalho cujo gozo lhe é furtado. A norma implica a inclusão no Outro sem dialética, perdendo-se a transindividualidade primordial, ou seja, perde-se a articulação necessária entre sujeito e Outro (Miller, 2003d, p. 113).

Conforme verificamos, tanto o homem mediano como a filosofia do risco surgem da aplicação do cálculo das probabilidades à estatística, mas enquanto a noção de homem mediano apoia-se na norma e tem como correlato o 'risco zero', que conduz à estagnação, o 'assumir riscos' remete à responsabilidade e à inovação que o singular, o um a um, sempre acarreta.

O 'risco zero' do homem sem qualidades

Para Ewald, que extrai a categoria risco da definição jurídica de securidade, o risco

> designa um modo de tratamento específico de certos acontecimentos que podem ocorrer a um grupo de indivíduos, ou mais exatamente aos valores ou capitais possuídos ou representados por uma coletividade de indivíduos, quer dizer, uma população. (Ewald, 1986, p. 173)

Nada é risco em si, não há risco na realidade, decorrência disso é o modo como se define a securidade: tecnologia do risco como prática de um certo tipo de racionalidade, formalizado pelo cálculo das probabilidades (Ewald, 1986, p. 173).

A média é um ideal quantitativo gerado pela estatística, são os próprios números que fornecem o ideal da norma, que surge da combinação de decisões pessoais ou das propriedades individuais de um coletivo (Miller, 2004c, p. 85).

A securidade individualiza, definindo cada um a partir do risco, e se o risco define o todo, cada um se diferencia pela probabilidade de seu risco (Ewald, 1986, p. 177).

Quando o ser humano é considerado exclusivamente como elemento da espécie, despojado de sua individualidade, vemos desaparecer tudo que seja acidental e cambiante, aparecendo os fatos gerais que manifestam a ação de causas essenciais e intrínsecas. Essa conhecida tese de Quételet, retomada por Bouveresse (2004, p. 52) em seu livro sobre Robert Musil, surge a partir do homem mediano ou, como ele o chama, o homem tipo. Para Miller (2004c, p. 75), esse destino estatístico do homem estaria na raiz da evaporação do único de cada um, substituído pelo típico. O domínio desse novo tipo de homens resultou da reflexão do escritor Robert Musil sobre o pensamento estatístico, que o conduziu a intitular seu grande romance *O Homem sem qualidades*, ou seja, um homem quantitativo.

Bouveresse, referindo-se a Quételet, sublinha um parágrafo de seu ensaio sobre *O Homem*:

> Todas as observações tendem a confirmar igualmente a verdade desta proposição, que enunciei há muito tempo, que o que se refere à espécie humana considerada em massa é da ordem dos fatos físicos; quanto maior é o número de indivíduos, mais a vontade individual se apaga e deixa predominar a série dos feitos gerais que dependem das causas segundo as quais cresce, existe a sociedade. (Bouveresse, 2004, p. 52)

Tornar-se unidade contável e comparável traduz o domínio do significante-mestre contemporâneo, da mesma forma que se buscava a individualidade no homem tipo de Musil. Ewald (1986, p. 26) entende que a industrialização não apenas destruiu vidas, mas ainda produziu verdade. Para ele, portanto, "a escalada do problema do acidente e a multiplicação das práticas do risco são vinculadas à instituição de um novo *regime social da verdade*". E isso nos remete ao problema filosófico do cinismo.

Figura contemporânea do cinismo

Compreender a figura contemporânea do cinismo e os desafios por ela impostos à estruturação de certos regimes de enunciação da verdade constitui igualmente uma importante reflexão filosófica sobre a vida social contemporânea como nova figura do significante-mestre.

A reflexão filosófica sobre tal temática resulta do diagnóstico de que o esgotamento de certos procedimentos de crítica da ideologia pode, por meio do balanço dessa falência crítica, ou seja, da atualização constante da consciência do esgotamento de certos procedimentos de crítica da ideologia, livrar o horizonte filosófico do peso desse fracasso. A impotência em garantir a possibilidade de realização positiva de critérios normativos de racionalização da vida social estimularia a recuperação contemporânea do cinismo.

Segundo Zizek (1992, p. 59-60), a razão cínica já não é tão ingênua, visto que há a noção de falsidade, o paradoxo da "falsa consciência esclarecida", há a noção da particularidade por trás da universalização ideológica, mas, ainda assim, não se renuncia à universalidade. O cinismo, contrariamente à promessa de que a verdade nos libertará, apresenta-se aí por meio do estranho fenômeno da usura da verdade, como resistência a todo pensamento da verdade articulado a partir do estabelecimento prévio de condições normativas de enunciação.

Safatle (2005) mostra como é importante a formulação de Sloterdijk, de que há uma nudez que não desmascara mais, em que a verdade não só é desprovida de força performativa, como também bloqueia temporariamente toda nova força performativa. Para que o cinismo seja um problema filosófico, acrescenta ele, devemos mostrar a recorrência de casos de enunciação da verdade que anulam a força perlocucionária da própria enunciação, sem, contudo, transgredir os critérios normativos de enunciação da verdade. É o que Zizek fornece como protagonista importante no debate atual sobre a razão cínica. A noção de ideologia reflexiva é astuta por descrever a possibilidade de uma posição ideológica que porta sua própria negação (Safatle, 2004). Assim, o cinismo aparece como o elemento maior do diagnóstico de uma época na qual o poder não teme a crítica que desvela o mecanismo ideológico: o poder aprendeu a rir de si mesmo.

Desde a perspectiva da experiência analítica, temos o *sinthoma* que Lacan postula como um momento da experiência do analisando: "Quando abandona já a expectativa de que pela via do sentido se daria o desvelamento da verdade do desejo e da cifra do sintoma. Quando já se torna evidente que o inconsciente intérprete repete sempre o mesmo" (Tarrab, 2007, p. 127).

Segundo Miller (2004, p. 78), o que Beck chamou de sociedade do risco nada mais é do que a sociedade do medo. O sujeito, no início do séc. XXI, encontra-se em perigo, e é o que ele mascara sob o nome do risco. A sociedade sente-se em perigo, SOS-Sociedade. A razão cínica, o homem mediano, são respostas de uma sociedade do medo, que encontra na medição do risco um apaziguamento possível.

O risco e a aposta de Pascal

É no Seminário 16 que Lacan ([1969] 2006, p. 317) explica corretamente, por meio da aposta de Pascal, "o que é a aposta de uma psicanálise." Para tanto, busca uma definição mais ampla do sujeito, uma definição que incluiria o gozo, uma vez que o sujeito do significante não o inclui de modo algum (Miller, 2005-2006).

O interesse de Lacan ([1969] 2006, p. 116) pela aposta de Pascal, como precursor do capitalismo, é que ela constitui um tipo de escolha que remete ao que Lacan trabalhou, em seus esquemas de alienação e separação, como a escolha forçada. Ele nos diz que "Pascal, como todos nós, era um homem de sua época, e a aposta certamente tinha a ver com o interesse voltado nos mesmos anos para a regra da partição." Segundo Miller (2005-2006), a aposta é o fato de colocar em jogo sua vida, seu estilo de vida e seu gozo em um "tudo ou nada" com o Outro. Mas considera que a alternativa é apostar ou não, uma vez que se deve apostar no sentido de que Deus existe, e com Deus, os seus mandatos, embora Pascal afirme, e Lacan ([1969] 2006, p. 119) observa o quanto repete a afirmação, que "não é que não saibamos se Deus existe, mas nem sabemos se Deus é nem o que ele é."

A partir de 1970, torna-se frequente apresentar a aposta de Pascal sob a forma da teoria dos jogos, pelo fato de Lacan ([1969] 2006, p. 118) tê-la enunciado como tal, mas a aposta, o que é posto em jogo, a vida, "não é nada". E Lacan prossegue afirmando "Que significa isso? Ela não é zero, pois nesse caso, não haveria aposta e, portanto, não haveria jogo. Pascal diz que ela é *um* nada, o que é uma história bem diferente." Para Miller (2005-2006), isso quer dizer que só jogamos o que já perdemos e é um princípio do qual o jogador tem de se lembrar a cada vez que coloca seu dinheiro, a cada vez que se desfaz da menor moeda. Essa soma já está perdida, pelo simples fato de que está em jogo.

Qual é, então, a base da troca em psicanálise? É uma troca que a psicanálise evidencia entre saber e gozo, o saber como preço da renúncia ao gozo (Miller, 2005-2006). Para Lacan ([1969] 2006, p. 118), o fato de Pascal dizer que a vida não é nada é precisamente:

> Disso que se trata quando a questão é o *mais de gozar*. E é justamente por ser disso que se trata que há aí alguma coisa que leva nossa paixão por esse discurso ao mais intenso, ao mais radical. Será que apostar num jogo assim, não se aposta demais? A objeção, sem dúvida, continua a se sustentar, e é por isso mesmo que Pascal deixa o enunciado dela na argumentação de seu suposto contraditor, porque este, aliás, é apenas ele próprio, já que ele é o único a conhecer o conteúdo do papelzinho. Você não pode deixar de apostar, responde ele, porque é obrigado a fazê-lo. Obrigado por quê? Você não é obrigado, em absoluto, a não ser que predomine o fato de que tem que tomar uma decisão.

A teoria dos jogos, teoria que operou uma inovação logo após a Segunda Guerra Mundial, conhecida por meio da obra príncipes de John Von Neumann e Morgenstein, que teve suas noções divulgadas pelo matemático Guilbault, amigo de Lacan, o que permitiu a este investir na relação do mestre e do escravo hegeliano em uma área outra que não a do estádio do espelho. A teoria dos jogos se presta a isso, uma vez que ela põe em relação dois sujeitos posicionados um contra o outro e na qual se trata de determinar, para cada um, a estratégia ótima (Miller, 2006-2007). Lacan se refere às relações entre o senhor e o escravo no Seminário 16:

> Hegel não escrevia o por si [*pour-soi*] como eu, e isso não deixa de ter conseqüências. A maneira como ele construiu a aventura do gozo é decerto inteiramente dominada, como convém, pela fenomenologia do espírito, isto é, do sujeito, mas seu erro, se assim posso dizer, é inicial e, nessas condições, não pode senão trazer conseqüências até o fim de sua enunciação. De fato, ele faz a dialética partir, como se costuma dizer, das relações entre o senhor e o escravo e da luta de

morte, de puro prestígio, insiste. Que quer dizer isso senão que o senhor renunciou ao gozo? Como não é por outro motivo senão a salvação de seu corpo que o escravo aceita ser dominado, não vemos por que, nessa perspectiva explicativa, o gozo não ficaria em suas mãos. Afinal, não se pode ao mesmo tempo comer o doce e guardá-lo. Se, logo de saída, o senhor envereda para o risco, é porque deixou o gozo para o outro. É muito singular que isso não seja manifestado de maneira absolutamente clara. Será que preciso evocar, neste momento, aquilo a que toda literatura antiga nos atesta, ou seja, que ser escravo não era tão chato assim? Pelo menos, dispensava de muitos aborrecimentos políticos. (Lacan, [1969] 2006, p. 115)

Tal perspectiva leva Miller (2005-2006) a fazer uma releitura do mito hegeliano a partir dos dois nomes que Lacan coloca juntos, Pascal e Hegel: fazer da luta à morte, de puro prestígio, uma aposta de sua vida. No mito, os dois semelhantes se enfrentam, tentam suprimir um ao outro, até que um cede ao outro para proteger sua vida. Mas, aqui, trata-se de uma releitura, fora do estádio do espelho, e Lacan articula a função subjetiva do mestre/senhor no nível do escravo; o que permite que se entenda que não há dois sujeitos e que o risco à vida, essencial do ato de domínio, é um jogo. O escravo, por sua vez, é o corpo, quando se concebe um só sujeito para as duas instâncias, o corpo na medida que obedece como um cadáver. Por um lado, o escravo é o corpo e seu gozo; por outro, o mestre/senhor é um sonho do escravo: o sonho de domínio sobre o corpo. E, na medida em que o sujeito se crê dois, percebemos que se trata de um esquema feito para estruturar a clínica do obsessivo, pois é o obsessivo que supõe um saber ao mestre/senhor, desejando ser um mestre/senhor de si e escravo de si.

Nessa situação, pergunta-se Lacan ([1969] 2006, p. 40; p. 41): "(...) o que representa o mal-estar da civilização? É um mais-de-gozar obtido através da renúncia ao gozo, respeitado o princípio do valor do saber." E é na sequência que define o sintoma como

> a maneira como cada um sofre em sua relação com o gozo, porquanto só se insere nela pela função do mais-de-gozar, eis o sintoma – na

medida em que ele aparece provindo disto: de que já não há senão uma verdade social média, abstrata.

São duas abordagens sobre o risco, duas noções em que não há universal: por um lado, o homem mediano, e, por outro, o falasser. Aqui, interessa-nos destacar a singularidade que visa a psicanálise, como afirmamos anteriormente, disjunta de qualquer universal,

> [...] à medida que ele desnuda, por um lado, a mola de ficção da experiência analítica, o que ele havia nomeado sujeito suposto saber e, por outro, correlativamente, o real em jogo nessa experiência, um real que sobressai tanto mais quanto mais disjunto está no racional. [...] o ensino de Lacan não atingia esse ponto sem uma inversão do determinismo levado ao absoluto, que dava sua ênfase própria aos começos do seu ensino. É uma ênfase que escutamos em seu 'Discurso de Roma' [Lacan, 2003, p. 150], em 1953, quando ele define a experiência analítica pela conjugação do particular e do universal, e a teoria analítica pela subordinação do real ao racional. Tais termos são evidentemente extraídos da filosofia de Hegel. (Miller, 2003c, p. 5)

Nesse contexto, o *sinthoma* aparece como o que há de mais singular em cada indivíduo, opondo-se exatamente ao sintoma decifrável, na medida em que este comporta generalidades: tipo de sintomas, diagnóstico diferencial etc. O sinthoma em Lacan é pensado, articulado, não mais a partir da verdade, como o sintoma freudiano, mas sim a partir do gozo, como um modo-de-gozar:

> Os dois termos de verdade e gozo respondem a dois regimes bem diferentes. Como dizer em poucas palavras o regime da verdade? É questão de trajetória e travessia, de errância e de erro, de dissimulação e decifração, de surpresa e de espanto. Diferentemente o regime do gozo é inteiramente positivado, o gozo apenas varia de mais ao menos e vice-versa. (Miller, 2006)

Por um lado, há as duas facetas do conceito freudiano de inconsciente destacadas e trabalhadas por Lacan: o inconsciente transferencial e o real. O primeiro é o inconsciente mobilizado e lido a partir da transferência que o causa e da articulação ao sujeito suposto saber, sustentado pela ligação S_1 e S_2. O segundo nega o primeiro, pois se está nele quando o espaço de um lapso não produz sentido ou interpretação. Esse inconsciente real é exterior ao sujeito suposto saber, homólogo ao traumatismo e formulado como limite (Miller, 2006). Por outro lado, há os dois regimes distintos, verdade e gozo, que levam a duas perspectivas clínicas: do lado da *alétheia* (verdade), a experiência que implica uma travessia, e, do lado do gozo, a experiência sem ponto de basta (Miller, 2006). Miller superpõe logicamente as duas facetas do conceito freudiano do inconsciente aos dois regimes, da verdade e do gozo, com a distinção entre sujeito e falasser (*parlêtre*). A diferença entre sujeito e falasser (*parlêtre*) é que o falasser tem um corpo, que se define por ter um corpo como condição *sine qua non* para gozar. Já o sujeito lacaniano, este é separado do gozo pelo grande Outro, e o gozo não lhe retorna senão sob a forma do objeto *a* pequeno.

Isso nos leva a perpassar alguns conceitos sobre o corpo no ensino de Lacan. Mas, antes, é preciso, necessariamente, para enfatizar a singularidade da clínica psicanalítica, verificar, com uma vinheta clínica, quando a questão do sujeito a ser tratada não passa pela suposição de saber ao praticante, bastante frequente na forma como se apresentam os novos sintomas nas instituições, centros de atendimento e nos consultórios dos psicanalistas.

Pudemos observar, a partir de um caso clínico (apresentado em Congresso e publicado em periódico, cf. Harari, 2004, p. 52), que, embora não haja contraindicações à psicanálise de orientação lacaniana, algo pode se impor frente à transferência como saber suposto: a dificuldade do sujeito em aceitar correr riscos. Ou seja, apresentando dificuldade em apostar na experiência de análise, demandando solução e exigindo garantias do Outro.

Ela chegou reclamando da fala do Outro, em especial a dos médicos, que repercute nela de forma insuportável: a palavra do médico se tornou persecutória. Pode-se dizer que o sujeito padece da suposição de um Outro que sabe. O Outro sabe e, portanto, se faz garantia da solução possível do problema. A dimensão do Outro aqui é a do discurso do mestre/senhor, o significante-mestre "Outro que sabe" captura o sujeito e o atrela a um trabalho cujo gozo lhe é furtado (Miller, 2003d, p. 112). Quis, por causa disso, que as sessões acontecessem de forma espaçada, um espaçamento regularizado. O consentimento dado ao seu pedido permitiu o início da experiência.

A demanda é de retorno ao estado anterior, anterior à instalação da doença. Após a 'doença', não é mais a mesma. É portadora de uma marca, recentemente nomeada como síndrome do pânico. Não aceita a prescrição de remédios, embora queira superar o problema. A ingestão de medicamentos desperta nela verdadeiro horror, pior que o pânico. O tratamento alopático lhe é insuportável. Fica, por um lado, aliviada de sua "doença" ter nome, por outro, não aceita a solução indicada.

Encontra na homeopatia a saída do impasse, por dois motivos: a homeopatia como avesso da alopatia que lhe produz horror, e tendo uma psicanálise paliativa como complemento. Mas, tal saída converte-se em prisão quando a palavra médica se torna persecutória. O Outro passa a dar as diretrizes e não há separação possível entre ela e essa voz que ordena. Não há dúvida quanto à atribuição, é a voz do médico que se apossou dela e a ameaça: "se fizer isto ou aquilo não terá chance de cura". Perde a autonomia em decisões mínimas, precisa estar sempre recorrendo ao Outro.

Procura outra alternativa, que surge com a indicação de uma psicanálise de orientação lacaniana, à qual leva a seguinte demanda: como separar-se da fala, persecutória, do médico homeopata? Em nenhum momento questiona o diagnóstico de síndrome do pânico, é certamente portadora da doença e sabe reconhecer quando, em outros, há sinais da 'doença'. Alguns efeitos terapêuticos fazem-se notar, porém, nada que faça vacilar a segurança no diagnóstico. É como se o sujeito fizesse parte de um coletivo que o faz perder de vista a singularidade.

Quando Lacan questiona se o doente pede cura, visa o aspecto da responsabilidade ou não do sujeito perante o sofrimento do qual se queixa. Aqui, com este sujeito, trata-se de questionar também o apego à segurança advinda da nomeação da doença. Pertencer a uma classe, mesmo que seja mórbida, isenta-a da subjetividade, ou responsabilidade, pela qual passaria a pagar um preço.

Como já vimos, perder de vista o indivíduo em sua individualidade foi, segundo François Ewald (1986, p. 149), um deslocamento epistemológico fundamental na sociologia, inaugurando a era das massas: "Não se pode ter conhecimento adequado do próprio indivíduo (...). Para atingi-lo em sua individualidade é preciso pegar o atalho através da massa, através do coletivo ao qual pertence". É uma forma de reduzir o ser de cada um a seu ser social, recusando a individualidade/particularidade para atingir o 'risco zero'. A ideia desse modo de individuação dos indivíduos é feita a partir do grupo ao qual pertencem. Assim sendo, a identidade social extrai-se da constatação.

Como vimos anteriormente em Lacan, a própria noção de inconsciente é função do Outro, função do discurso que o identifica: "O inconsciente é uma relação, algo que se produz em uma relação" (Miller, 2003d, p. 113). Entende-se que a dimensão do Outro determina o inconsciente, não há psiquismo individual; se a dimensão do Outro for a do discurso do mestre/senhor, espera-se que o Outro dite a solução, mesmo se o preço a pagar for a sua própria captura.

Afirmar, com Lacan, que o inconsciente é uma relação não quer dizer que a dimensão do singular fique elidida. No último ensino de Lacan, trata-se de resgatar o ser na relação ou, melhor dizendo, na operação de alienação, porque só assim poderá separar-se, encontrar no desejo do Outro sua equivalência como sujeito do inconsciente. A segurança de pertencer a uma doença classificada em um DSM nos revela que dimensão de Outro ela demanda, bem longe do sujeito suposto ao saber.

A ideia de um psiquismo individual concebido, segundo J.-A. Miller, como um mundo fechado, se afina com os sintomas oriundos das classificações dos DSM, resultado da aplicação do cálculo das probabilidades à estatística; sendo que a referência aí é a norma, o normal estatístico. Ou seja, sem a possibilidade de se distinguir dos outros, de se destacar, o que resta para o sujeito é um mundo fechado, sem dialética com o Outro. O coletivo da norma reduz o sujeito a um solipsismo. É nesse contexto que o sujeito, assentado na segurança que sua síndrome do pânico lhe garante, nos revela como faz para se preservar isolado: uma masturbação compulsiva. No prazer autista encontra uma forma de suportar a pressão, seja profissional ou pessoal, mantendo-se à distância do jogo de amor; e é na maternidade, em etapa madura da vida, que encontra a forma de não se dividir. É a criança como substituta fálica que não a divide entre mãe e mulher, preenchendo-a como sujeito mãe, que, por sua vez, faz o luto do desejo de mulher. Pelo lado fálico, uma série que comporta, por um lado, sua doença nomeada, por outro a criança e suas doenças.

No plano profissional, duas tendências: uma degradada, na área jurídica, e a outra idealizada, nas artes. No entanto, não há paralisação sintomática, visto ter sucesso em ambas, seja como fonte de renda e posição profissional, seja em forma de prêmios. Não poder se destacar da norma impede um descolamento da 'doença', necessário para se colocar na experiência como 'sujeito que só tem como realidade a de ser suposto aos significantes do discurso que o identificam e o veiculam' (Miller, 2003d, p. 112). Conformar-se com a norma é o avesso da psicanálise. Como vimos anteriormente, esta se coloca contra as identificações do sujeito, desfazendo-as uma a uma. O coletivo que normaliza a partir do qual se define um indivíduo condenado ao solipsismo, distingue-se do Outro ao qual o sujeito do inconsciente é estruturalmente coordenado.

O Outro em Lacan, o Outro social é o do *Witz*, pois exige um público, uma conivência, enfim, que a mensagem se adeque às regras do discurso em vigor. Mas, ao contrário do coletivo que normaliza, tem-se como intuito a destituição subjetiva para liberar a singularidade. A dificuldade do sujeito em aceitar correr riscos como contraindicação à análise não é princípio da prática, apenas a afirmação da ética do analista frente às classificações, às tentativas de normalizar a prática psicanalítica.

Se, como dissemos anteriormente, Lacan busca uma definição mais ampla de sujeito (Miller, 2005/2006), uma definição que incluiria o gozo, diferenciando então o sujeito lacaniano do falasser (*parlêtre*) porque este tem um corpo e aquele é separado do gozo pelo grande Outro; vamos abordar, então, após a ênfase feita na clínica psicanalítica, de um sujeito cuja questão não passava pela suposição de saber ao praticante, alguns conceitos sobre o corpo no ensino de Lacan, sabendo que não os examinaremos de forma exaustiva, mas apenas recortaremos aspectos que constituem referências essenciais para a noção de *sinthoma* em psicanálise.

Segundo Corbin (2005, p. 9), "A porosidade das fronteiras entre o corpo sujeito e o corpo objeto, entre o corpo individual e o corpo coletivo, entre o dentro e o fora se tornou mais delicada e complicada no século XX pelo legado da psicanálise." Embora a psicanálise ultrapasse os limites da coletânea, de cujo segundo volume, sobre a "História do Corpo: 2. Da Revolução à Grande Guerra", Corbin é organizador, ele afirma que "é preciso levar em conta esta forte referência, mesmo que silenciosa, na exploração atual da corporeidade."

Gozo, corpo e a pulsão

O corpo do estádio do espelho, como imagem do corpo próprio, é o ponto de partida de Lacan, embora, no inconsciente, o corporal implique simbolização, corpo mortificado. Freud, por sua vez, para Miller (1994, p. 71), parte da fenomenologia do corpo imaginário, uma fenomenologia da percepção da forma do corpo: ou a pessoa tem ou não tem. A partir do exemplo do pequeno Hans, sustenta, então, que o que orientou a leitura freudiana foi, na fenomenologia do corpo, a prevalência do corpo imaginário.

Encontramos em "Radiofonia", célebre entrevista de Lacan divulgada por duas emissoras da França em 1969, uma referência fundamental para a noção de corpo mortificado. Lacan ([1971] 2003, p. 407) aí se interessou pelas formas de sepultamento da espécie humana, vendo na tendência a conservar o corpo, mesmo quando ele está morto, uma relação com a linguagem. Em um primeiro momento, o significante é incorporal, depois se corporifica. Encontramos menção a isso, anterior ao texto "Radiofonia", no Seminário 7, *A Ética da Psicanálise* (1959-1960):

> O fato de que foi o homem quem inventou a sepultura é discretamente evocado de passagem. Não se trata de acabar com quem é homem como se faz com um cão. Não se pode acabar com seus restos

esquecendo que o registro do ser daquele que pode ser situado por um nome deve ser preservado pelo ato dos funerais. (Lacan, 1988, p. 337)

Ao sintoma corresponde o viés do corpo na clínica psicanalítica. A estrutura do sintoma responde a uma dimensão da linguagem que dá conta da passagem necessária do organismo para o corpo. Impõe-se a ideia de um corpo homogêneo ao símbolo, resultante da incorporação do órgão da linguagem pelo organismo vivo (Zenoni, 1991, p. 76). No limite do real e da linguagem situa-se o sintoma somático: "é porque algo falha no cerne da língua (*Sprache*) que o corpo (*Körper/Leib*) se intromete" (Assoun, 1997, p. 76).

Pouco a pouco Lacan introduz a vertente de gozo da pulsão, esta mesma pulsão inicialmente definida em termos significantes. Com isso, se marca ainda mais a diferença com relação à sexualidade biologicamente determinada. Trataremos de articular necessidade/pulsão/desejo, do primeiro momento, e gozo/corpo/sinthoma, do último ensino, pois existe solidariedade conceitual entre gozo, corpo/sinthoma e pulsão.

A partir dos anos de 1970, diferentemente do primeiro ensino, Lacan contrapõe o gozo à fenomenologia do corpo em Freud. Não se trata de uma fenomenologia do corpo imaginário freudiano como a do gozo. Há afinidade entre gozo/dor e o além do princípio do prazer. Assim, a fórmula 'o sujeito em posição feminina sofre', apresentada por Freud em "O Problema Econômico do Masoquismo" (1924) – obter prazer com o sofrimento imputado à mulher – é como dizer que a mulher tem suscetibilidade ao prazer maior que a do homem, ficando associado o suplemento de gozo do sujeito feminino ao ciclo da dor que pode se prolongar.

Se, para Freud, a libido necessita do corpo imaginário como referência, com a noção de gozo Lacan tornou o símbolo único da libido uma função lógica Φx. O falo, símbolo único da libido, suscita efeitos opostos na relação do sujeito com o gozo. O sujeito em posição viril nunca está ultrapassado por seu gozo, enquanto a posição feminina se define como a de um sujeito a quem seu gozo ultrapassa sempre. A primeira indica uma relação unificada do sujeito com o gozo, na segunda, entretanto, não há um todo unificado (Miller, 1994, p. 65). Conforme ressaltamos na introdução, Lacan ([1972-73] 1985, p. 35), no primeiro momento de ensino (1953), pensa dispensar a referência ao corpo, fato que sofre uma reviravolta a partir do último ensino.

Corpo como substância gozante

Para Miller (2004, p. 8), o saber sobre o gozo talvez seja o único saber psicanalítico que temos sobre a vida, sobre o que é o ser vivo. E acrescenta que 'gozar' do corpo vivo seria tudo o que podemos saber. Apoia-se, para tanto, em Lacan ([1972-73] 1985, p. 35), quando formula que "(...) não sabemos o que é estar vivo, senão apenas isto, que um corpo, isso goza."

É distinta a relação do significante com o corpo no início do ensino de Lacan, com a tese segundo a qual linguagem é corpo; corpo aí fica entendido como materialidade da fala e da linguagem. O corpo como substância gozante, que é introduzido na década de 1970, diz respeito ao corpo vivo, à substância do corpo na medida em que há gozo do corpo: "Isso só se goza por corporificá-lo de maneira significante" (Lacan, [1972/3] 1985, p. 35).

Só podemos afirmar ter havido uma conversão de perspectiva quando Lacan ([1972-73] 1985, p. 36) passa a situar o significante no nível da substância gozante: "O significante é a causa do gozo. Sem o significante, como mesmo abordar aquela parte do corpo?" Inicialmente, em Lacan, a materialidade do significante é inanimada, materialidade da linguagem, e, até, a satisfação é própria do simbólico: a elaboração de uma satisfação semântica. Um gozo, sem o corpo vivo, tem uma satisfação significante: a satisfação pelo reconhecimento, emprestado da fenomenologia de Hegel (Miller, 2004, p. 32). Entender que seria possível uma satisfação significante da pulsão é o modo como Lacan torna simbólica a pulsão freudiana, solidária da noção de corpo mortificado. Mas não é o significante, da substância gozante, tornando-se o corpo, recortando o corpo até fazer surgir o gozo.

São duas vertentes que Lacan introduz: a do corpo vivo e a do sujeito do inconsciente. Da reunião dessas vertentes, desse binário, surge o falasser (*parlêtre*) (Miller, 2004, p. 52), o que faz ao postular 'sua' hipótese: "Minha hipótese é a de que o indivíduo que é afetado pelo inconsciente é o mesmo que constitui o que chamo de sujeito de um significante" (Lacan, [1972/3] 1985, p. 194).

O objeto a natural

Até o Seminário 10, *A angústia* (Lacan, [1962-63] 2005), conhecia-se somente o corpo como essencialmente implicado na formação do eu, o corpo visual. Podemos afirmar que o corpo que faz sua entrada, sob o modo do objeto *a*, na constituição do próprio sujeito do inconsciente, é o corpo erógeno, o corpo das zonas erógenas, das zonas de borda, sem limite, sobrepondo-se ao corpo do Outro (Miller, 2005b, p. 64).

Para Lacan, o sinal, termo que Freud designou para a angústia, é distinto da situação traumática. A originalidade de seu aporte reside no fato de ter enunciado com maior exatidão que, o que Freud refere como o perigo que a angústia sinaliza, está ligado ao caráter cedível do momento constitutivo do objeto *a*, a angústia-sinal. Se, por um lado, o perigo sinaliza o objeto caracteristicamente cedível, por outro, sinaliza que a angústia não é mensagem. Essa separação do objeto incide sobre o corpo libidinal, que não é o corpo visual, que implica o corpo do Outro. O caráter cedível caracteriza o objeto *a* e Lacan faz da angústia um operador da separação, por isso ela não é mensagem, é um afeto único. E, por sua vez, em entrevista a uma revista italiana, quando responde à questão sobre o que é a angústia para a psicanálise, dirá que: "é algo que se situa fora do corpo, um medo, mas nada que o corpo, espírito incluído, possa motivar. É o medo do medo, em suma" (Lacan, 1974, p. 32).

De 1963 a 1974, do *Seminário 10* à entrevista, há um percurso do objeto *a* no ensino de Lacan, desde sua emergência como pura extração corporal até sua sofisticada forma de pura consistência lógica. E, para entendermos esse avanço, J-A Miller (2005b) aponta que mesmo sendo pura extração corporal, a fisiologia do objeto *a* se desenvolve, ou seja, o objeto *a* tem sob o significante da topologia uma consistência topológica, desde quando emerge (Miller, 2005b, p. 66).

O intuito é tensionar as vertentes topológica e de extração corporal do objeto *a* no *Seminário 10*, uma vez que as posições da angústia e do que é o objeto *a* são intercambiáveis (Lacan, [1962-63] 2005, p. 357). Para tanto, é importante localizar no *Seminário 10* (1962-63) qual é o lugar de corte do qual emerge o objeto *a*.

No capítulo IX, temos:

> O corte que nos interessa, o que deixa seu traço, num certo número de fenômenos clinicamente reconhecíveis, e que, portanto, não podemos evitar, é um corte que, graças a Deus, é muito mais satisfatório para a nossa concepção do que a cisão da criança que nasce, no momento em que ela vem ao mundo.
> Cisão de quê? Dos envoltórios embrionários.
> Basta-me remetê-los a qualquer livrinho de embriologia datado de menos de cem anos para que vocês percebam que, para terem uma idéia completa do conjunto pré-especular que é o *a*, deverão considerar os envoltórios como um elemento do corpo da criança. É a partir do óvulo que os envoltórios se diferenciam, e vocês verão com que formas o fazem, de maneira muito curiosa – deposito bastante confiança em vocês, depois de nossos trabalhos do ano passado em torno do *cross-cap*. (Lacan, [1962-63] 2005, p. 135-136)

Embora a referência aí seja o corpo, mais exatamente uma referência do corpo da embriologia, o corte, ou o momento cedível, não se confunde com nenhuma substância. Os envoltórios a partir do óvulo, que se diferenciam com formas curiosas, aproximam-se mais da topologia, ou seja, de uma forma mais oca.

No último capítulo, Lacan ([1962-63] 2005, p. 354) retorna a isso ao se referir à marca do *a*, quanto ao momento de sua constituição, e propõe o grito como algo que o lactante cede: "Ele cede alguma coisa, e nada mais o liga a isso." Grito que coincide com a própria emergência no mundo daquele que virá a ser o sujeito. Lacan chega até a afirmar que o grito é o próprio âmago do grande Outro, o ponto de partida do primeiro efeito cedível.

Se a angústia foi escolhida por Freud como sinal de algo, Lacan ([1962-63] 2005, p. 355) fala da própria aspiração do lactante como um momento de perigo: "Foi a isso que se deu o nome de trauma do nascimento – não existe outro – o trauma do nascimento, que não é a separação da mãe, mas a própria aspiração de um meio intrinsecamente Outro".

Tanto a cisão dos envoltórios quanto o grito são exemplos dos momentos cedíveis na constituição do objeto *a*, exemplos que promovem a desnaturalização e dessubstancialização do objeto *a*. Não é por acaso que o exemplo dado do objeto *a* e de sua separação seja o prepúcio na circuncisão, exemplo de uma prática claramente cultural. O pequeno *a* se faz assim, quando se produz o corte, seja qual for, quer o do cordão umbilical, quer o da circuncisão (Lacan, [1962-63] 2005, p. 110).

Desunir a função do objeto e sua substância permite vislumbrar a estrutura do mais-de-gozar sob a forma do objeto que a pulsão contorna, presença de um oco, de uma vacuidade a ser ocupada por qualquer objeto. Miller (2004) enfatiza que o caráter substancial dos cinco objetos destacados por Lacan – seio, fezes, olhar, voz e o falo – não deve nos ofuscar do fato que esses objetos 'naturais' são a representação de uma estrutura oca, de um furo, ao afirmar que: "o *Seminário 10* é a via de acesso ao objeto *a* como nada. É o objeto nada que pode se tornar a causa do ato, ato que comporta sempre um momento de suicídio, um momento de morte do sujeito" (Miller, 2004b, p. 3). É o objeto *a* desnaturalizado, topológico, que permitirá ao próprio analista inscrever-se na mesma série que o objeto *a* nada. Caso contrário, a teoria da prática viria recheada de atos de maternagem, atos retentivos, atos fálicos, atos críticos e até atos superegóicos.

"O Homem tem um corpo"

O último ensino contrapõe o corpo vivo ao corpo morto, coloca em questão o próprio termo sujeito, como falta-a-ser, substituindo-o por falasser (*parlêtre*), o sujeito mais o corpo. Assim, também o conceito de grande Outro é posto em questão. O Outro está aí representado por um corpo vivo.

Há um paradoxo inevitável do corpo humano: ser vivo e ao mesmo tempo falante. Por mais corporal que seja o homem, ele é também feito sujeito pelo significante, feito da falta-a-ser. Para o homem, não se pode fazer equivaler ser e corpo, enquanto, para o animal, isso é possível. Razão pela qual Lacan afirma que o homem 'tem um corpo', o que vale por sua diferença com relação a 'ser um corpo'. A falta-a-ser divide seu ser e seu corpo, reduzindo este último ao estatuto do ter (Miller, 2004, p. 50).

É no contexto de 1975 que Lacan, ao se "dedicar um montão" à leitura dos livros de Joyce e de outros sobre ele, retoma a noção do corpo imaginário extraído dos nós borromeanos:

> Ao fazer assim, introduzo alguma coisa de novo, que dá conta não somente da limitação do sintoma, mas do que faz com que, por se enodar ao corpo, isto é, ao imaginário, por se enodar também ao real e, como terceiro, ao inconsciente, o sintoma tenha seus limites. (Lacan, [1975] 2007, p. 164)

Ao retomar a forma antiga de escrever sintoma (*sinthome*), em francês, Lacan ([1975] 2003, p. 565) caracteriza o falasser, dizendo que ao mesmo tempo em que "é preciso sustentar que o homem tem um corpo, isto é, que fala com seu corpo, ou em outras palavras, que é falasser (...)", e definir o sintoma como um acontecimento de corpo.

No curso do seu ensino, Lacan ([1975] 2003, p. 565) corporifica as principais funções significantes por ele isoladas, nesse sentido, duvida da consistência puramente lógica da função do Outro (Miller, 2004, p. 66). Ao corporificar o grande Outro introduz o corpo do parceiro falante dizendo que: "Uma mulher, por exemplo, é sintoma de um outro corpo." Ao afirmar que a mulher é sintoma de um outro corpo, Lacan postula a inconsistência do Outro, ao mesmo tempo corporificando-o. Nessa perspectiva, introduz o falasser (*parlêtre*) não mais tendo como parceiro o Outro, como no sujeito do inconsciente lacaniano, mas sim o sintoma como parceiro. E, para tanto, propomos abordar, no próximo capítulo, avançando nesse exercício de fundamentação da prática lacaniana na contemporaneidade, a noção de parceiro-sintoma em sua parceria com o falasser (*parlêtre*), como paradigma dos novos sintomas.

CAPÍTULO III

O PARCEIRO-SINTOMA: PARADIGMA DOS NOVOS SINTOMAS

Os novos sintomas

A prática lacaniana, frente aos novos sintomas, requer a civilização como parceira, mais especificamente uma parceria com os próprios impasses da civilização do risco, implícita na noção de laço social proposta por Lacan ([1973] 2003). Para tanto, é necessário abordar a questão do parceiro-sintoma, que propomos como paradigma dos novos sintomas.

A psicanálise é, antes de tudo, um laço social que se fundamenta em um discurso e, como todo discurso, serve como um ordenamento para o gozo. Para Lacan ([1973] 2003, p. 517): "O discurso que digo analítico é o laço social determinado pela prática de uma análise. Ele merece ser elevado à altura dos mais fundamentais dentre os laços que continuam em atividade para nós."

Lacan, desde o início, partindo do campo da linguagem, da função da fala, referiu-se aos termos sujeito, sujeito barrado e grande Outro. Isso constitui um par, porque o sujeito precisa do Outro, o código está no Outro (Miller, 1998, p. 88).

O parceiro-sintoma advém de uma mudança de perspectiva, muda o par sujeito e Outro ao se incluir o corpo, este não mais como corpo mortificado. Vimos, no capítulo anterior, como Lacan nomeia falasser o sujeito acrescido do corpo vivo. O conceito de falasser inclui o corpo e substitui a noção de sujeito. Ao mudar a definição de sujeito, muda, de forma simétrica ao falasser, seu correlato grande Outro, e é a isso que Miller (1998, p. 89) denomina parceiro-sintoma; constituindo-se, assim, um novo par: o falasser e o parceiro-sintoma. O parceiro-sintoma, como nova definição do Outro, é o Outro definido como meio de gozo. A fórmula – não há relação sexual – implica que a parceria se faz no nível do gozo, portanto, uma parceria feita a partir de uma ligação sempre sintomática. Nessa perspectiva, é que passamos a acolher, na psicanálise lacaniana, os sintomas mudos, que, antes, não eram levados às práticas do dizer, sintomas com maior valor de gozo do que de sentido. Podemos dizer que somente o último ensino de Lacan privilegia o modelo obsessivo do sintoma, que aparece como real, como aquele que resiste ao dizer. Alinham-se assim os sintomas freudianos: os decifráveis, calcados na teorização dos sintomas histéricos, por um lado, e, por outro, os novos sintomas, calcados no modelo obsessivo do sintoma. Enquanto a histeria localiza o sintoma no registro simbólico, a neurose obsessiva o localiza no registro real, como aquilo que volta sempre ao mesmo lugar e resiste a movimentar-se em função do sentido que lhe é atribuído (Miller, 1997, p. 9).

A clínica da obsessão nos ensina sobre o desejo paradoxal do neurótico, que estabelece suas vias de fuga, colocando o sujeito ao abrigo de sua própria castração e acentuando a impossibilidade de acesso ao objeto que, por isso mesmo, faz surgir o gozo que se define por não ser regulado. É nesse contexto que a problemática que o obsessivo expressa em temas como a filiação paterna, a duração da vida e a morte mostram que o sujeito obsessivo, longe de se apresentar com um desejo morto, como o mostra a estratégia de sua fantasia, está, na verdade, se defendendo da sensação do desejo do Outro, mergulhado em uma angústia que o ultrapassa, e de um gozo do corpo que o atemoriza (Dhéret, 2007, p. 46).

Em Freud mesmo já se pode ler no caso do Homem dos Ratos ([1909] 1969) o quanto este relutou em confessar seu ritual, mantendo seu sintoma dissimulado. Para Miller (1997b), em seminário sobre as "Conferências Introdutórias" de Freud, são duas teorizações distintas do sintoma, e estas o levam a propor uma relação biunívoca: com o simbólico e com o real. Mas, seguindo na abertura que a perspectiva obsessiva do sintoma propõe, é que esta faz surgir uma discrepância em relação às outras formações do inconsciente, colocando-se bem distante de um querer dizer. Foi esse o estatuto do sintoma que surgiu para Freud, acrescenta Miller, quando formulou o conceito de "reação terapêutica negativa".

Podemos ver, igualmente em Freud (1929, p. 120), para-além da fantasia obsessiva, a ligação entre a erótica obsessiva e o laço social, na medida em que a atração pelo objeto desvalorizado é um meio de forte coesão; o laço social representado pela "desvalorização dos estímulos olfativos", em nota de pé de página, é visto por ele como presente na "tendência cultural para a limpeza", e, segundo Dhéret (2007, p. 46), "se trata de rara passagem na reflexão freudiana sobre a comunidade em que o laço social fica cerceado a partir de um ponto de impossível que reflete o fora-de-medida do gozo." Como não estabelecer elos entre a atração do obsessivo pelo objeto desvalorizado, um meio de forte coesão social, e a formulação lacaniana da mulher sintoma para o homem, oriunda da noção de parceiro-sintoma? Pelo viés da clínica do obsessivo, também Miller (2007) traça um panorama sobre a aposta de Pascal e o mito hegeliano do mestre/senhor e do escravo, que vimos anteriormente.

Nesta série dos sintomas mudos, incluímos as novas patologias, designadas pela nosologia psiquiátrica, provenientes da civilização do medo: anorexia, bulimia, dependências, síndromes do pânico, stress pós-traumático, jogo patológico, etc.

As patologias contemporâneas

As patologias contemporâneas sempre surgem como remédios para o mal-estar inerente ao ser humano. E o que surge como remédio, aos poucos, vai se transformando em perigo.

Desde Freud (1969, p. 93), sobretudo em *O mal-estar na civilização* (1929), sabe-se que há interação entre jogo patológico, álcool, tabaco e outras dependências. Ele mesmo, por sua vez, postulava a interação entre a religião, o delírio, o amor, as dependências químicas e até a sublimação, tendo como denominador comum o fato de serem muletas frente ao mal-estar, muletas que servem de apoio para os acidentes; são os remédios que, paulatinamente, transformam-se em perigos.

Atualmente, é mais óbvia a relação entre o remédio e o alívio que a pessoa encontra nas drogas, na bebida, no tabagismo, nas compras, e a dependência, ou seja, o remédio que alivia gera dependência (Naparstek, 2004, p. 4). Nessa relação, Freud (1929) postulava que, de modo geral, tudo que é usado como muleta pode gerar vícios: a fé, o amor, o delírio e até a sublimação, embora reconhecesse não ser simples perceber, por exemplo, quando a religião encontra seu lugar nessa série. Podemos incluir aí o jogo, os esportes radicais, a internet, etc. Não há diferenças entre as muletas, não há muletas boas e outras ruins.

A droga como muleta é o mais grosseiro, porém, o mais eficaz desses métodos de influência, porque nos insensibiliza, com a intoxicação que produz (Freud, [1929] 1969, p. 96), nos torna insensíveis ao sofrimento, às decepções, etc. Mas Freud ([1929] 1969, p. 97) já pensava que, para além da intoxicação, "a mania, uma condição semelhante à intoxicação, surge sem administração de qualquer droga intoxicante." O estado maníaco ou eufórico é o que as dependências buscam, de modo geral, com ou sem introdução de drogas. O jogo patológico também faz parte, pelo ponto de vista da psicanálise, da categoria de remédio perante o mal-estar, que se transforma em seu contrário: em perigo.

Há outro elemento clínico que interage, ou que faz interagir o jogo patológico com as outras dependências. Se, por um lado, o jogo acarreta alívio da dor, por outro, produz um desenganche em relação ao Outro Social (Naparstek, 2004, p. 24). Os pacientes apresentam, nos momentos mais agudos, uma insensibilidade tal aos prejuízos do vício que só podem receber ajuda quando um familiar, ou amigo ou chefe os empurram para o tratamento. Embora a insensibilidade os desconecte da realidade, do ambiente familiar ou profissional, um laço atravessa o mal-estar para arremessá-los na direção de uma saída. Geralmente, os grupos de pesquisa e assistência aos dependentes contam com trabalhos junto aos familiares.

Trata-se de resgatar o vínculo com o Outro, embora o Outro esteja posto de antemão na linguagem. Trata-se, aqui, de resgatar o laço social com o Outro a partir de um sintoma próprio, não mais a partir da identificação coletiva; é a proposta da psicanálise, que apresenta como método a transferência, entendida como uma relação inédita, neste dispositivo que teve Freud como inventor. Por meio do restabelecimento do vínculo com o Outro Social haverá uma recuperação do controle perdido, de maneira paulatina; o jogo, como muleta, quando passa ao comando, impossibilita uma reversão, ou seja, uma saída solitária.

Se na época de Freud havia alguns remédios e a dependência era um sintoma isolado, entre outros, atualmente as várias respostas se transformaram em respostas iguais, as mesmas para todos: o consumo generalizado. Há, na atualidade, dois modelos de tratamento das patologias chamadas mentais, dois modelos que se opõem: o das terapias cognitivo-comportamentais e as terapias que levam em conta a transferência. Nestas últimas, o êxito de nosso discurso se mede no caso a caso, no laço da transferência, na clínica do particular/singular.

O jogo patológico pode ser inserido no que a psicanálise chama de 'clínica da urgência', diferenciando-se das urgências sociais, econômicas, psiquiátricas. Embora possa ter algo semelhante a todas elas, constitui um momento de crise na vida das pessoas, levando-as a atos desesperados e sempre impulsivos. Falamos de um sofrimento envolto no mais profundo mutismo. A urgência aqui é concebida como sendo da ordem do ato: não se endereça a alguém especificamente, portanto, se endereça a todos. Por exemplo, ninguém joga para perturbar o parceiro, seja o cônjuge, sejam os pais, filhos ou irmãos. Nesse sentido, busca-se, por meio do jogo patológico, uma satisfação que não passa pelo Outro e, sim, pelo próprio corpo, que se inscreve como autoerotismo. É algo da ordem do gozo autista, da masturbação como metáfora do autismo.

A psicanálise visa a transformar a crise em "estado de sujeito", tentando instalar o dizer no lugar da ação, ou instalar o saber (acessando o saber do inconsciente) no lugar da ação. Atualmente, servimo-nos da psicanálise aplicada não somente para fundamentar uma prática não padronizada, igualmente propósito de Lacan para a psicanálise pura, como também para obter efeitos terapêuticos dissociados de um ideal. Nada de modelos *prêt-à-porter*, mas efeitos terapêuticos singulares, únicos. O terapêutico sem ideal, sem modelo, compatível com a psicanálise, é produzido por um discurso que o condiciona, um discurso analítico, que Lacan define como o laço social determinado pela prática de uma análise. No modelo de tratamento usado pela psicanálise, é o vínculo, a transferência, que condiciona a existência de uma prática que visa à singularidade.

Psicanálise Aplicada à Clínica das Toxicomanias

O parceiro-sintoma droga é um exemplo, entre outros, dos novos sintomas, na medida em que o gozo se fabrica no corpo de Um, e que, sem excluir o corpo do Outro, busca prescindir dele. A hipótese é que, na toxicomania, faz-se um uso particular do corpo para evitar, a qualquer custo, um enfrentamento no circuito fálico, presente no mal-estar da civilização. Fora do circuito fálico os toxicômanos tentam obter, em curto circuito, a substância que passam a vida buscando (Laurent, 1997, p. 39).

Embora mais propícios a condutas de risco, os toxicômanos encontram, por meio desse traço singular, 'sou toxicômano', uma forma de inscrição, pode-se dizer enviesada, no laço social. Há uma espécie de estabilização na identificação a partir de um traço de gozo comum a um coletivo. Contudo, serem propícios a condutas de risco não significa que estejam, com isso, dispostos a assumir esses riscos, responsabilizando-se pelas consequências do consumo. O que tentam evitar, assim, na realidade, é colocarem-se uma questão sobre o sexual ou sobre sua existência, verdadeiros motivos de angústia.

Vale aqui distinguir as 'condutas de risco', que identificam o toxicômano a um coletivo, em que a subjetividade se dissolve nas passagens ao ato, do risco inerente ao circuito fálico, no qual o parceiro é sintoma, ou seja, o Outro se torna o sintoma do falasser, um modo de gozar do corpo do Outro – que tanto pode ser o corpo próprio como o corpo de outrem (Miller, 1998, p. 104).

Para Lacadée (2008), as condutas de risco são solicitações simbólicas da morte na busca dos limites, são tentativas desajeitadas e dolorosas de se colocar no mundo – são tentativas de existir, mais do que de morrer. Pelo viés do risco e do corpo observamos que, do lado do risco, pode ser um modo de designar um trajeto, uma travessia; deixa-se algo para ter acesso a outra coisa. E, do lado do corpo, é o lugar em que se atualiza o problema da identidade e das sensações inéditas, indizíveis, dando ao sujeito certa ideia de si mesmo. O cerco ao risco, com programas de prevenção e de tutela, tem como resultado a negação de toda dimensão subjetiva e a abolição pura e simples da causalidade psíquica.

A tese lacaniana sobre a toxicomania, de ruptura com o falo, mais exatamente com o gozo fálico, remete a um modo de gozar no qual, aparentemente, prescinde-se do Outro, sem poder servir-se dele. A droga como solução, para o ser falante, evita as questões postuladas pelo complexo de castração, permitindo ao toxicômano liberar-se das obrigações que a função fálica impõe.

Para Santiago (2001), a droga colocada na posição de companheira (de parceiro-sintoma) implica, no toxicômano, um corpo que se constitui, enquanto tal, como Outro. E o exemplo da droga como curto-circuito da função sexual, referindo- se a William S. Burroughs (literatura norte-americana contemporânea), o leva a formular que o toxicômano é alguém que não suporta as coações do companheiro sexual. Se a droga funciona como um curto-circuito, é porque se torna objeto de uma necessidade imperiosa, na qual a satisfação não aceita prazos e nem substituição de objetos. Diferentemente dos pós-freudianos, não há substituição da satisfação sexual pela satisfação com a droga. A satisfação com a droga visa reduzir "o lado insatisfação ligado à vida sexual" (Santiago, 2001, p. 164) e é nessa medida que Santiago encontra, na referência a Burroughs (*apud* Santiago, 2006, p. 128), uma definição exemplar da relação entre o uso da droga e a vida sexual "o sujeito busca apartar-se do mal-estar da sexualidade", porque Lacan não aceita a equivalência elaborada pelos pós-freudianos. Para Burroughs (p. 164), se o toxicômano se apega à droga, ele o faz porque ela "curto-circuita o apetite sexual". Nessa medida, a "escolha homossexual não representa, propriamente, um curto-circuito na sexualidade. O que se constata, ao contrário, é a exigência de que o corpo do Outro comporte o traço particular da posse do órgão" (p. 163).

É necessário distinguir o gozo que não passa pelo corpo do Outro, mas pelo corpo próprio, que se inscreve como autista (Miller, 1995, p. 18). Podemos, aqui, aproximar a figura contemporânea do cinismo, vista anteriormente, dizendo tratar-se de um gozo cínico, que recusa que o corpo próprio seja metaforizado pelo gozo do corpo do Outro (na história, fica vinculado à figura de Diógenes), operando esse curto-circuito no ato da masturbação e assegurando o casamento com o faz-xixi (tese lacaniana paradigmática na toxicomania). A toxicomania, portanto, não é uma solução ao problema sexual, mas uma fuga perante a possibilidade de problematizar a vida sexual. Para tanto, Miller (1995, p. 19) alude à insubmissão ao serviço sexual, como se diz da insubordinação ao serviço militar.

A toxicomania traduz a solidão de cada um com seu parceiro-mais-de-gozar. Localizando-se a partir da dimensão autista do gozo, pertence ao liberalismo, à época em que nos lixamos para os ideais, em que os valores ideais do Outro empalidecem. Lacan define a palavra parceiro como o que se coloca como termo da relação que não há (Miller, 2000, p. 170).

Juventude e dependência química nas instituições

Para abordarmos a questão da dependência química nas instituições, escolhemos fazê-lo por meio da figura do adolescente, uma vez que é nessa idade que o vício se inicia, como mostram a maioria das pesquisas e como também o confirma nossa observação em serviços de assistência e pesquisa sobre o álcool e as drogas. Temos, para além disso, o fato de Freud ([1924] 1969) considerar que o sintoma obsessivo se forma na adolescência, onde as tendências eróticas se mascaram sob a bandeira da moralidade.

O que caracteriza o adolescente é o errático; nunca está integralmente inscrito em nenhuma instituição, seja na família, seja na escola etc. Diferentemente da criança, que está sempre em instituição (família, escola, etc.), Stevens (2005, p. 46) sublinha citando Laurent em seu artigo sobre "O errar do toxicômano", o adolescente está sempre desfazendo laços para engatar em novas identificações, principalmente aquelas que encontra nos bandos de adolescentes. Os adolescentes são errantes, isso quer dizer que, não estando inscritos integralmente em uma instituição, nem mesmo a rua como instituição, ficam errando de uma instituição a outra, mostrando estar mal inscritos no campo social. Os sujeitos errantes têm a aparência de adolescentes tardios, e o prolongamento da adolescência significa que não constituíram um traço definido, singular em relação ao campo social (Stevens, 2005, p. 46). Existem aqueles que buscam proteção na instituição, quando deixam de funcionar suas já precárias referências subjetivas (família, escola, etc.), isso em relação ao laço constituído pelos adultos. Buscando, assim, a instituição como ponto de ancoragem.

Alguns passam de uma instituição para outra, sendo que a própria instituição serve de laço, de âncora. Segundo Stevens (2005), todo o cuidado é necessário para que a instituição não vire um "extintor" de sujeitos, como forma de extermínio. Apesar de erráticos, os adolescentes, às vezes, identificam-se com o traço da toxicomania e buscam uma instituição, mas essa identificação não os articula à sua referência histórica, não lhes permitindo construir um sintoma, um modo de vida. Pelo contrário, trata-se de uma identificação comunitária, que os inscreve em um coletivo no qual a subjetividade se dissolve, onde se produz uma segregação em relação ao campo social. É seguindo uma orientação da psicanálise aplicada que uma instituição pode, ao contrário da dimensão de asilo que acolhe isolando os adolescentes da sociedade, se prestar a favorecer a fala, a "facilitar a constituição de um traço singular nos sujeitos, que lhes permita ancorar seu gozo" (Stevens, 2005, p. 48-49).

Esse é o caso de um jovem usuário de drogas atendido em um Centro de Atenção Psicossocial (CAPS) numa cidade do interior de São Paulo, no qual se observa claramente, em supervisão clínica da equipe, o laço que estabelecia com a instituição para a qual foi levado pela mãe, por fazer uso de droga. Segundo ela, o filho passa a fazer o uso da droga, inicialmente maconha, a partir dos 14 anos de idade, motivo pelo qual o mantém trancado e preso, a não ser por dois intervalos de tempo: uma vez, quando internado por ela em uma clínica religiosa, sem resultados; e o outro quando o envia de volta à cidade do pai dele, da qual ela saíra com os filhos, logo após o término do casamento. Nesse período de três anos, fica sem usar droga, mas é pelo pai enviado de volta à sua cidade, sem que alguém da família seja avisado.

O quadro desse jovem ultrapassa o uso de substâncias psicoativas (SPA), incluindo problemas mentais, cuja existência nunca fora reconhecida pela mãe, que o mantinha 'preso dentro de casa', e, conquanto o local em que residiam facilitasse a saída, pela altura da janela, sempre permaneceu resignado aos mandos da mãe. Pode-se reduzir o manejo dos pais a dois movimentos: prender (mãe) e abandonar (pai).

Apesar dos problemas mentais, que motivaram a equipe a interná-lo na unidade de atendimento à psicose na mesma rede pública do serviço do CAPS, é por meio da relação com a droga, uma identificação implantada pela mãe, que o vê sempre como delinquente e usuário de drogas, ignorando os problemas mentais do filho e apelando para as internações, que o jovem confronta a mãe, usando abusivamente de drogas e andando a esmo, após estabelecer um laço com a instituição que lhe permite um ligeiro distanciamento da figura materna.

Com o terapeuta, seja ele quem for, uma vez que mudam as instituições e que invariavelmente vêm sendo mulheres, chama-a de Maria e a ele mesmo de José ou Jésus, ou seja, em seu delírio ele é o marido e filho de Maria. Isso ocorria até chegar a construir o neologismo Mamane, deixando de lado Maria, talvez condensando Maria e mãe. Mas ainda passou por várias internações, que seguiam o mesmo padrão até a equipe decidir inseri-lo em outro CAPS, por motivos de piora do quadro. E nessa outra instituição, apesar de a equipe seguir com as internações, ele apresenta uma continência maior no sentido de prestar contas de seus atos, as fugas são constantes, mas breves, e há mais socialização. Pelo viés do esporte se inseriu na nova instituição, participa do grupo de esportes que faz capoeira e joga futebol, e passou a ser atendido em outro CAPS, destinado aos dependentes químicos; o que nos leva à questão de que a melhora tem a ver com o fato de deixá-lo circular entre as instituições de uma forma pessoal, ou seja, errante, mas ao mesmo tempo, deixar de prendê-lo a uma única instituição e respeitando a identificação implantada pela mãe: a de ser usuário de drogas. Foi preciso igualmente questionar a avaliação feita pela equipe, de fracasso do quadro, questionando o ideal dos protocolos médicos que querem impor sempre soluções coletivas, sempre a mesma, a da remissão total do quadro.

Nossa cultura, na atualidade, quer minimizar os 'riscos', e isso fica mais patente nas toxicomanias, uma vez que o corpo está aí ainda mais comprometido do que em outras problemáticas. A categoria 'risco', para a psicanálise de orientação lacaniana, inclui algo que o discurso sociológico não leva em conta e termina reduzindo o 'ser de cada um' ao 'ser social', baseando-se somente em dados e conclusões estatísticas, como vimos no capítulo anterior, sobre a civilização do risco. Para pensar nessa categoria 'risco', é importante refletir sobre o conceito de 'responsabilidade subjetiva', isto é, o que isso quer dizer para a psicanálise. É importante destacar o diálogo teórico-epistêmico com a contemporaneidade, mais especificamente com uma sociologia, cujo enfoque se limita, a partir de Quetélet, à lei das probabilidades e estatísticas do social, dado que o risco é calculável. Esse diálogo permite ressaltar as diferenças com a psicanálise, porque, apesar de a noção de inconsciente ser postulada como uma função do Outro (discurso cultural, social), a diferença é que, para a psicanálise, a dimensão do singular não fica elidida. É o homem-mediano versus o homem-singular.

Para entendermos mais sobre a função das instituições que podem acolher o estilo errático dos adolescentes, Stevens (2005, p. 48) pontua que a psicanálise busca na instituição, em sua versão moderna de comunidade de vida, algo mais que uma função de asilo, algo que, igualmente, ultrapasse a mera regulação da existência de um sujeito em um universal no qual as regras são iguais para todos, o que favorece, por outro lado, a exclusão do sujeito e da própria instituição, para fora do campo social.

A parceria da psicanálise com a civilização, tendo postulado o paradigma do parceiro-sintoma, é incitada por Lacan ([1966] 1998, p. 322), que, em "Função e Campo da Fala e da Linguagem", nos diz:

> Que antes renuncie a isto, portanto, quem não conseguir alcançar em seu horizonte a subjetividade de sua época. Pois, como poderia fazer de seu ser o eixo de tantas vidas quem nada soubesse da dialética que o compromete com essas vidas num movimento simbólico?

Para Brousse (2003, p. 15), "a psicanálise busca, a partir dos seus próprios fundamentos, analisar a época na qual está inserida e a partir daí se responsabilizar por seu lugar". É como ela entende a frase de Lacan, citada acima, de que o psicanalista precisa colocar em seu horizonte a subjetividade de sua época.

O diálogo com a sociedade contemporânea esbarra na fluidez da existência contemporânea, denominada por Bauman (2007, p. 8) como vida líquida, e definida como "uma vida precária, vivida em condições de incerteza constante". Analisando-se o contexto da época, como pretende Lacan, podemos aferir a necessidade, no marco da prática lacaniana na contemporaneidade, da criação de instituições de psicanálise aplicada, mais exatamente de centros de atendimento psicanalítico. O psicanalista, assim, conectado diretamente com o social, enfrenta o desafio da oferta de atendimento a qualquer um, oferta mais ampla que a dos consultórios. Artífice na arte do sujeito suposto saber, o psicanalista se vê obrigado a aprender a arte da prática de objeto, quando se trata dos novos sintomas. Arte aqui entendida como habilidade para a execução de uma finalidade prática, como podemos nos referir à arte de um ofício, a arte de interpretar, no caso da psicanálise, ou a arte do pensamento, ou ainda a arte da matemática pura, etc., sendo esta uma das acepções encontradas no Dicionário Houaiss (2001), uma referência filosófica que remonta ao platonismo. Uma segunda acepção do Houaiss para o termo arte, que, segundo a tradição, remonta ao aristotelismo, é a de um conjunto de meios e de procedimentos por meio dos quais é possível a obtenção de finalidades práticas ou a produção de objetos.

Contrapor prática de objeto e prática do sujeito suposto saber tem como objetivo introduzir nuanças no trabalho do psicanalista, situando a prática do objeto no acolhimento dos novos sintomas, em instituições, mas, igualmente, na prática de produção de objetos como os centros de atendimento criados pelas Escolas de Lacan (como exemplo disso o Centro Lacaniano de Investigação da Ansiedade Clin-a, citado anteriormente), usando a segunda acepção do termo arte, como os meios e os procedimentos por meio dos quais se obtém a produção de objetos. Produzir um objeto, uma instituição de psicanálise aplicada, é a forma que se encontrou para inserir o psicanalista na cidade, retirando-o de sua posição de extraterritorialidade (Lacan, 2001, p. 8).

Dessa forma, os psicanalistas vão dando respostas inéditas perante a variedade dos sintomas contemporâneos, estando conectados diretamente com o social, por meio do atendimento aberto a qualquer um, sem, contudo, se afastar do seu aparato conceitual e tampouco dos princípios de sua ação (Mattet, 2007).

Para não nos afastarmos do aparato conceitual psicanalítico e abertos a experiências em contextos heterodoxos e diretamente conectadas ao social, Miller (2005c) nos introduz ao novo lacanismo, cuja referência, na transmissão da clínica psicanalítica, deixará de ser o excepcional do caso, e sim o relato do caso clínico, mais especificamente a forma de ordená-lo. O novo lacanismo requer um ordenamento que seja, ao mesmo tempo, claro, simples e firme. O que nos leva a tratar, de forma breve, da construção do caso clínico, para então concluir com a questão do corpo nos novos sintomas, fundamentada no gozo que não se comunica e que exige o corpo para se chegar à bizarria do caso a caso; horizonte possível somente ao se correr o risco de apostar na psicanálise.

Construção do Caso Clínico e os Novos Sintomas

Conforme vimos com Miller (2003c, p. 5), o último ensino de Lacan desnuda o que ele chama de sujeito suposto saber; aponta que, para atingir esse ponto, é preciso operar uma inversão do determinismo levado ao absoluto a que Lacan dava uma ênfase própria no início de seu ensino, definindo a experiência e a teoria analítica a partir de termos extraídos da filosofia de Hegel. Essas proposições são invalidadas no último ensino:

> [...] temos que nos virar com um particular disjunto de qualquer universal, um particular que não se deixa absorver no universal, mas que é bem referido à singularidade, à originalidade, e mesmo à bizarria do caso. O singular é, aliás, desde então, para nós, o *status* do caso. Temos que nos virar também com um real desatado do racional [...]. (Miller, 2003, p. 5)

Não podemos nos furtar aqui de evocar a célebre querela medieval dos universais, como figura do debate que, desde a antiguidade tardia, opõe e reúne, ao mesmo tempo, o platonismo e o aristotelismo. Nesse sentido, Alain de Libera (1996, p. 393) debruça-se sobre a história dessa querela, mostrando como o problema dos universais é um condensador de inovações de caráter único. Segundo ele, o "principal adversário de Occam sobre a questão dos universais não é Scot, mas Henri de Harclay (...)", cuja tese central é

> [...] a distinção entre singularidade, universalidade e particularidade. Como Occam, sustenta que existem apenas as coisas singulares, mas sustenta, ao mesmo tempo, que, por si mesmas ou essencialmente, as coisas extra-mentais não são nem universais e nem particulares. Deste fato, sustenta que os singulares provocam a formação de dois tipos de conceito no espírito dos sujeitos que os percebem: um conceito distinto que permite discernir tal singular de outros singulares do mesmo tipo. (Libera, 1996, p. 397)

Existe uma variedade do modo de narrativa do caso clínico e, segundo Laurent (2003), o prestígio da ciência e da série estatística arruína, nas ciências humanas, o brilho do caso único. Vemos, acompanhando Lacan, que, desde o início, em sua tese de medicina, apostou, em meio a uma crise do relato de caso freudiano, em uma monografia exaustiva sobre um caso, para testemunhar a verdade de um sujeito; embora sua passagem para a psicanálise o faça substituir a "exaustão pela coerência do nível formal onde o sintoma se estabelece".

A preocupação com o envoltório formal do sintoma, como um tipo de matriz lógica, introduz na construção do caso clínico a fórmula de elevar o caso a paradigma (Laurent, 2003). Lacan o faz com os casos de Freud: "O paradigma mostra a estrutura e indica tanto o lugar do sintoma em uma classe, quanto os elementos de substancialidade na vida de um sujeito, elementos que se repetem e que permutam, ou ainda os modos de declinação na repetição do mesmo. A estrutura lógica e topológica dos casos freudianos aparece, assim, com uma nitidez inesquecível" (Laurent, 2003, p. 71). Isso serve para Laurent afirmar que Lacan faz pender o relato do caso clínico em direção a uma matriz lógica, na medida em que torna lógico o inconsciente. E a construção do caso avança na direção da vinheta clínica.

Vemos que o modelo de narrativa vai mudando ao longo da história da psicanálise e, inclusive, com Lacan mesmo; o que nos permite postular que, no último Lacan, em não se tratando mais de conjugação do particular e do universal, trata-se do particular disjunto de qualquer universal. Ou, como ele escreve em "A Direção do Tratamento": "Nossa ciência só se transmite ao articular oportunamente o particular" (Lacan, [1958] 1998, p. 638). Articular oportunamente um particular que não se deixa absorver no universal (Miller, 2003c, p. 5).

"O homem vivo, o homem em carne e osso"

A partir de uma perspectiva histórica, apreendemos que o corpo estará sempre no cerne da dinâmica cultural, por constituir um ponto fronteiriço entre a referência subjetiva e a norma coletiva, entre o invólucro individualizado e a experiência social (Corbin; Courtine; Vigarello, 2005, p. 10).

Na coletânea de três volumes intitulada *Histoire du Corps*, em um artigo sobre "A carne, a graça, o sublime", Arasse (2005, p. 475) resgata uma 'história do corpo' por meio da análise das imagens do corpo que a história das artes transmitiu no período que vai do século XVI ao XVIII, mostrando como um quadro de Füssli, *Le Cauchemare* (O Pesadelo) associava duas abordagens do sonho: a científica e a poética. Quadro do mesmo ano, 1781, em que Kant publica a *Crítica da Razão Pura*. Ponto fronteiriço ou cruzamento de duas abordagens que a representação cultural do corpo designa, não está distante do próprio movimento do ensino de Lacan: corpo vivo ou mortificado?

Marzano (2007, p. 75) reconhece que o impacto da cultura e da sociedade sobre nossa forma de forjar desejos e expressar emoções não pode ser apenas produto de uma construção, pois o fato de reconhecer a possibilidade de 'construir' um corpo a partir de técnicas sociais e culturais, não quer dizer que o corpo se reduza a uma construção cultural e social. Nesse sentido, o fundo do pensamento *queer* leva às últimas consequências a ideologia construtivista, na medida em que cada indivíduo pode construir e inventar sua própria sexualidade. E conclui que cada indivíduo está confrontado com escolhas difíceis, e é na realidade da experiência que cada um toma contato com sua corporeidade, opondo, assim, o corpo real ao corpo-texto.

Para Miller (2007), a noção de gozo dissolve a referência à comunicação no ensino de Lacan, pois o gozo não se comunica. Por outro lado, postula uma tese sobre a análise-magia, que extrai do Seminário 25: *Le moment de conclure*, de Lacan (1978). A tese postulada é que a magia restabelece a comunicação, restabelece a ligação entre os significantes e é o que encontramos em seu Escrito "A Ciência e a Verdade" (1966):

> Sobre a magia [...]. Ela supõe o significante respondendo como tal ao significante. [...] A Coisa, na medida em que fala, responde às nossas objurgações. Eis porque a ordem de classificação natural que invoquei dos estudos de Claude Lévi-Strauss deixa entrever, em sua definição estrutural, a ponte de correspondências pela qual a operação eficaz é concebível, do mesmo modo como foi concebida. Mas essa é uma redução que negligencia o sujeito. Todos sabem que a preparação do sujeito, do sujeito xamanizante, é essencial nisso. Observe-se que o xamã, digamos, de carne e osso, faz parte da natureza, e que o sujeito correlato da operação tem que coincidir com esse suporte corpóreo. É esse modo de coincidência que é vedado ao sujeito da ciência. (Lacan, [1966] 1998, p. 885-886)

Para Miller (2007), a importância dessa referência à análise-magia reside no fato de que o xamã precisa colocar seu corpo, pagar com sua pessoa, com seu corpo, demonstrando fazer parte da natureza, que é o que Lacan opõe ao sujeito da ciência. O sujeito da ciência seria o sujeito da experiência analítica, o que é válido, mas deixa de ser a partir do momento em que falamos do falasser, pois a categoria do falasser inclui o corpo. Colocar o corpo é do que se trata na prática lacaniana, para quem está em um dos dois lados da parceria, do parceiro-objeto ao parceiro-sintoma, na experiência da psicanálise.

CONSIDERAÇÕES FINAIS

Fizemos um percurso sobre a prática lacaniana, pelo viés do risco e do corpo, traçado sobretudo pelo último ensino de Lacan.

Se o primeiro ensino de Lacan toma o Outro, nos diz Miller (2001c), com o 'O' maiúsculo, celebrando o domínio desse Outro nos dez primeiros *Seminários*, seu segundo ensino é dedicado a articular o Outro e o objeto *a*. Já o seu terceiro ensino, o que chamamos de último, parte do outro em letra minúscula, do que é singular. "(...) Singular quer dizer que não se oferece ao universal" (Miller, 2001c, p. 9). A psicanálise como prática aposta na experiência fundamentada no risco, na falta de garantia, condição para obter a diferença absoluta, que é igualmente um princípio produtor da singularidade. Para Lacan ([1964] 1986, p. 260), o desejo do analista é o pivô quando se trata de

> [...] um desejo de obter a diferença absoluta, aquela que intervém quando, confrontado com o significante primordial, o sujeito vem, pela primeira vez, à posição de se sujeitar a ele. Só aí pode surgir a significação de um amor sem limite, porque fora dos limites da lei, somente onde ele pode viver.

Pela importância, não tanto pela exaustão, encontramos uma forma de abordar a "querela dos universais" (Libera, 1996) que, conforme citado anteriormente, transformou-se em uma verdadeira figura de debate – é um debate sobre "Os universais que são o gênero, a espécie, a diferença, o próprio e o acidente. Todos esses termos figuram efetivamente nas obras de Aristóteles" (Libera, 1996, p. 15) – para distinguir se há um real da psicanálise? Para Lacan, segundo Miller (2001c), há sim um real que só se aborda pela psicanálise. Razão pela qual Lacan não se contentava "com topologias dos sintomas e, mesmo, das 'estruturas' (...)", fundando um real próprio ao inconsciente, ao qual se tem acesso pelo impossível, mas "por um impossível muito singular, que se enraíza na contingência e não na necessidade" (Miller, 2001c, p. 9).

"Há apenas o contingente – isso muda o tempo todo, é arriscado" – enfatiza Miller (2001c), citando Lacan ([1973b] 2003, p. 554):

> [...] é aquilo que nosso discurso tem de arriscado. Aliás, só existe isso: felicidade do acaso! [...] Freud o disse antes de mim: numa análise, tudo deve ser recolhido – onde se vê que o analista não pode lavar as mãos – recolhido como se nada se houvesse estabelecido fora dela.

Mais adiante, nesse artigo de Introdução à edição alemã de um primeiro volume dos *Escritos* ([1973b] 2003, p. 554), ele afirma que

> [...] os tipos clínicos decorrem da estrutura, eis o que já se pode escrever, embora não sem flutuação. Isso só é certo e transmissível pelo discurso histérico. É nele, inclusive, que se manifesta um real próximo do discurso científico. Convém notar que falei do real, e não da natureza. (Lacan, 2003, p. 554)

Afirmar, como assinala Miller, que há um singular disjunto de qualquer universal, implica um singular próprio à experiência analítica, e é nessa medida, como dissemos no item dos novos sintomas, que somente o último ensino privilegia o modelo obsessivo do sintoma, que aparece como real, como aquele que resiste ao dizer.

Tomamos três escansões clínicas do ensino de Lacan que nos remetem à singularidade disjunta do universal, três eixos que vão introduzindo em seu ensino, paulatinamente, a perspectiva clínica dos nós borromeanos. São eles: o modelo obsessivo do sintoma que resiste ao dizer, a psicose que desnuda a estrutura e a toxicomania que se assenta no parceiro-sintoma droga, na medida em que o gozo se fabrica no corpo de Um, e que, sem excluir o corpo do Outro, busca prescindir desse Outro. Embora na teoria do homem mediano não haja universal (Ewald, 1986, p. 153), a diferença com a psicanálise é que o falasser (*parlêtre*) não perde a singularidade. Longe disso, o não universal do homem mediano se faz representar por uma unidade contábil, que se perde no meio das massas classificatórias.

A afirmação da ética do analista frente às classificações, às tentativas de normalizar a prática psicanalítica, é responder de acordo com os princípios da psicanálise. Segundo Ferretti (2005, p. 77)

> [...] embora o pensamento moderno seja marcado pela busca dos princípios; Descartes, ao inaugurar a filosofia moderna, escreve 'Os princípios da filosofia', procurando encontrar alguns poucos princípios a partir dos quais todo o resto do conhecimento seria deduzido. À diferença de Descartes, que encontrou três princípios metafísicos [...] a psicanálise busca estabelecer os princípios da ação analítica; não se trata de princípios metafísicos.

Vimos, por meio de uma vinheta clínica, a dificuldade que têm certos sujeitos em aceitar correr riscos. Ou seja, apresentando dificuldade em apostar na experiência de análise, demandando solução e exigindo garantias do Outro. Dunker (2004), que tem um livro sobre a estrutura e constituição da clínica psicanalítica, em um artigo anterior busca uma genealogia da tipologia brasileira que tem, entre outros, a figura dos portadores do diagnóstico classificatório de Síndrome do Pânico, acerca do qual nos diz que:

> Saber que se trata de uma síndrome, que outros passaram pela mesma experiência, que ela está indexada e é conhecida pelo discurso terapêutico, possui efeito estabilizador. Vê-se assim como a inscrição no tipo tem efeitos. (Dunker, 2004, p. 105)

Não se trata, porém, desse efeito de apaziguamento que a psicanálise visa. A identificação ao coletivo abole as diferenças, e sabemos bem, com Lacan, sobre os efeitos segregativos dessa forma de união, quando ele marca a relação entre a união dos mercados (globalização) e os processos de segregação, e como a universalização, com o intuito de anular as diferenças, vê a segregação ressurgir (Lacan, 2003, p. 263).

Perante os novos sintomas, não podemos usar os instrumentos habituais. O sujeito suposto saber, eixo a partir do qual se articula tudo o que acontece com a transferência (ensino de Lacan em 1967), é um modelo padrão de tratamento elaborado a partir da neurose, que exige uma regularidade durante um tempo suficientemente longo.

Nossa proposta, ao destacar três escansões clínicas no ensino de Lacan (neurose obsessiva, psicose e toxicomania) a partir do qual podemos ver claramente a perspectiva que os nós borromeanos introduziram na prática lacaniana, é fornecer subsídios aos praticantes que se deparam com contextos institucionais novos, nos quais a psicanálise se torna uma instalação móvel e o psicanalista um objeto nômade (segundo expressões de Miller, 2007b), para as respostas que eles deverão ofertar ao sofrimento humano; o que só ocorrerá se praticarmos o rigor na exigência de formação dos novos analistas/praticantes.

Há riscos a se correr e, para o praticante/psicanalista nômade, os riscos são maiores, pois não há como se respaldar na regularidade, no modelo linear, em contraposição ao modelo descontínuo, irregular. É bem mais difícil aplicar a psicanálise e preservar os efeitos analíticos quando prevalece o interesse pelos efeitos terapêuticos. Desde que se preserve intacta a psicanálise pura, a prática lacaniana em contextos heterodoxos, o que pode se dar até nos consultórios (por meio da interferência dos pais do infans, criança ou adulto, ou dos cônjuges), permite uma saída por meio das respostas que ela oferta.

A condição do próprio exercício da psicanálise, que foi anunciada por Freud e articulada por Lacan, é a sua impossibilidade, nos diz Miller (2005, p. 12). A distinção radical da psicanálise reside no "isso rateia, falha", que constitui o anticorpo que nos protege frente ao discurso da eficácia. É esse o princípio da prática que permite evitar sua banalização; não podemos nos esquecer do que está inscrito há um século: psicanálise, profissão impossível.

REFERÊNCIAS

ARASSE, D. In: CORBIN & COURTINE & VIGARELLO. *Histoire du Corps:* 1. De la Renaissance aux Lumières. Paris: Seuil, 2005.
ARENDT, Hannah. *Les Origines du totalitarisme*: Eichmann à Jérusalem. Paris. Quarto Gallimard, 2002.
ASSOUN, Paul Laurent. *Corps et Symptôme*, Tome 1: « Clinique du Corps ». Paris: Antrophos, 1997.
_____. *Corps et Symptôme*, Tome 2, « Corps et Inconscient ». Paris: Antrophos, 1997.
BAUMAN, Zygmunt *Modernidad Liquida*. Buenos Aires: fondo de Cultura Económica de la ciudad de Buenos Aires, 2002.
BECK, Ülrich. [1986] *La Societé du Risque*: sur la voie d'une autre modernité. Paris: Flammarion, 2001.
BRODSKY, Graciela. "La regla fundamental". In: *Ornicar?* digital, n. 233. Documento eletrônico.
BROUSSE, Marie-Hèlène. *O inconsciente é a política*. São Paulo: Escola Brasileira de Psicanálise, 2003.
CARNEIRO, Henrique. "Transformações do significado da palavra 'droga': das especiarias coloniais ao proibicionismo contemporâneo". In: *Álcool e drogas na história do Brasil*. Belo Horizonte: Alameda, 2005.
COTTET, Serge. Autonomia da Supervisão. *Opção Lacaniana*, São Paulo, n. 35, 2003.
CHAMORRO, Jorge. O Supervisor e suas Confidências. *Opção Lacaniana*, São Paulo, n. 35, 2003.
CORBIN, Alain « Introduction ». In: CORBIN & COURTINE & VIGARELLO. *Histoire du Corps:* 2. De la Révolution à la Grande guerre. Paris: Seuil, 2005.

Di CIACCIA, Antonio. "La pratique à plusieurs à l'Antenne 110 de Jenval (Belgique)". In: *Ornicar?* digital, n. 234. Documento eletrônico.

DHÈRET, Jacqueline. "Une Leçon sur le désir". In: *La Cause freudienne*. Paris: Navarin, 2007.

DUNKER, Christian Ingo Lenz. Formas de apresentação do sofrimento psíquico: alguns tipos clínicos no Brasil contemporâneo. *Revista Mal-estar e subjetividade*, v. IV, 2004.

EWALD, François. *L'Etat Providence*. Paris: Grasset, 1986.

_____. "Philosophie Politique du principe de Précaution'". In: *Principe de Précaution*. Paris: PUF, 2001.

FERRETTI, Maria Cecilia Galletti. A redução do sofrimento. *Correio: revista Da Escola brasileira de Psicanálise*, Rio de Janeiro, n. 50, 2004.

FIORE, Maurício. "A medicalização da questão do uso das drogas no Brasil: reflexões acerca de debates institucionais e jurídicos". In: *Álcool e drogas na história do Brasil*. Belo Horizonte: Alameda, 2005.

FREUD, S. [1909] "Notas sobre um Caso de Neurose Obsessiva". *ESB*, v. X, Rio de Janeiro: Imago, 1969.

_____. [1910] "A psicanálise silvestre". *ESB*, v. XI. Rio de Janeiro: Imago, 1969.

_____. [1920] "Além do Princípio do Prazer". *ESB*, v. XX. Rio de Janeiro: Imago, 1969.

_____. [1921] "Psicologia de Grupo e Análise do Ego". *ESB*, v. XVIII. Rio de Janeiro: Imago, 1969.

_____. [1924] "O Problema Econômico do Masoquismo". *ESB*, v. XIX. Rio de Janeiro: Imago, 1969.

_____. [1929] "O mal-estar na civilização". *ESB*, v. XXI. Rio de Janeiro: Imago, 1969.

HOUAISS. "Verbete arte". In: *Dicionário da língua portuguesa*. Rio de Janeiro: Objetiva, 2001.

HARARI, Angelina. *Clínica Lacaniana da Psicose*: de Clérambault à inconsistência do Outro. Rio de Janeiro: Contra Capa, 2006.

_____. Quando não se paga o preço do risco. *Opção Lacaniana*, São Paulo, n. 40, 2004.

LACAN, Jacques. *De la psychose paranoïaque dans ses rapports avec la personnalité*. Paris: Seuil, 1975.

_____. [1948] "A agressividade em Psicanálise". In: *Escritos*. Rio de Janeiro: Jorge Zahar, 1998.

_____. "L'agressivité en psychanalyse". In: *Écrits*. Paris: Seuil, 1966.

_____. [1953] "Variantes do tratamento-padrão". In: *Escritos*. Rio de Janeiro: Jorge Zahar, 1998.

_____. "Variantes de la cure-type". In: *Écrits*. Paris: Seuil, 1966.

_____. [1958] "A direção do tratamento e os princípios de seu poder". In: *Escritos*. Rio de Janeiro: Zahar, 1998.

_____. "La direction de la cure et les principes de son pouvoir". In: *Autres écrits*. Paris: Seuil, 2001.

_____. [1959/60] *O Seminário, livro 7*: A ética da psicanálise. Rio de Janeiro: Jorge Zahar, 1991.

_____. Le Séminaire, livre VII: *L'Éthique de la psychanalyse*. Paris: Seuil, 1996.

_____. [1962-63] *O Seminário, livro 10*: A angústia. Rio de Janeiro: Jorge Zahar, 2005.

_____. *Le Séminaire, livre X*: L'angoisse. Paris: Seuil, 2004.

_____. [1964] *O Seminário, livro 11*: Os quatro conceitos fundamentais da psicanálise. Rio de Janeiro: Jorge Zahar, 1988.

_____. *Le Séminaire, Livre XI*: Les quatres concepts fondamentaux. Paris: Seuil, 1973.

_____. [1966] "A ciência e a verdade". In: *Escritos*. Rio de Janeiro: Jorge Zahar, 1998.

_____. "La science et la vérité". In: *Écrits*. Paris: Seuil, 1966.

_____. [1966] O lugar da psicanálise na medicina. *Opção Lacaniana*, São Paulo, n. 32, dez. 2001.

_____. [1967] "A proposição de 9 de outubro de 1967". In: *Outros escritos*. Rio de Janeiro: Jorge Zahar, 2003.

_____. "La proposition du 9 octobre 1967". In: *Autres écrits*. Paris: Seuil, 2001.

_____. [1968] *Le Séminaire, livre XVI*: D'un Autre à l'autre. Paris: Seuil, 2006.

_____. [1971] "Radiofonia". In: *Outros escritos*. Rio de Janeiro: Jorge Zahar, 2003.

_____. "Radiophonie". In: *Autres écrits*. Paris: Seuil, 2001.

_____. [1972-73] *O Seminário, livro 20*: Mais, ainda. Rio de Janeiro: Jorge Zahar, 1985.

_____. Le Séminaire, Livre XX: *Encore*. Paris: Seuil, 1975.

_____. [1973] "Televisão". In: *Outros escritos*. Rio de Janeiro: Jorge Zahar, 2003.

_____. "Télévision". In: Autres Écrits. Paris: Seuil, 2001.

_____. [1973b] "Introdução à edição alemã de um primeiro volume dos Escritos". In: *Outros escritos*. Rio de Janeiro: Jorge Zahar, 2003.

_____. "Introduction à l'édition allemande d'un premier volume des Écrits". In: *Autres Écrits*. Paris: Seuil, 2001.

_____. [1974] "Freud per sempre". In: *Panorama*. Roma: (entrevista concedida por Lacan no dia 21 de novembro de 1974).

_____. [1975-76] Seminário, livro 23 *O sinthoma*. Rio de Janeiro, Zahar, 2007.

_____. *Le Séminaire, Livre XXIII. Le Sinthome*. Paris: Seuil. 2005.

_____. [1976] "Prefácio à edição inglesa do Seminário 11". In: *Outros escritos*. Rio de Janeiro: Jorge Zahar, 2003.

_____. "Préface à l'édition anglaise du Séminaire XI" In: *Autres Écrits*. Paris: Seuil, 2001.

_____. [1977] A abertura da Seção Clínica. *Opção Lacaniana*, São Paulo, n. 30, 2001.

_____. [1978] *Le Séminaire, Livre XXV Le moment de conclure*. Inédito.

LALANDE.

_____. [1926] *Vocabulaire Technique et Critique de la Philosophie*. Paris: PUF, 1972. 11. édition.

LATOUR. "Prefácio". In: BECK, Ülrich. [1986]. *La societé du risque*: sur la voie d'une autre modernité. Paris: Flammarion, 2001.

LACADÉE, Phillipe. *O Despertar e o Exílio*. Rio de Janeiro: Contra Capa, 2008 (no prelo).

LAURENT, Éric. "O relato de caso, crise e solução". In: *Almanaque de Psicanálise e saúde Mental*. Belo Horizonte: Instituto de Psicanálise e Saúde Mental de Minas Gerais, 1998.

_____. "Estado Sociedade, Psicoanálisis". In: *Psicoanálisis y Salud Mental*. Buenos Aires: Tres Haches, 2000.

_____. A extensão do sintoma hoje. *Opção Lacaniana*, São Paulo, n. 12, 1995.

_____. Guérir de la psychanalyse. *Mental*, Bélgica, n. 11, 2002.

_____. "O analista-cidadão". In: *Sociedade do Sintoma*. (Coleção Opção Lacaniana, livro 6). Rio de Janeiro: Contra-Capa, 2007.

LIBERA, Alain. *La querelle des universaux*: De Platon au Moyen Age. Paris: Des travaux/Seuil, 1996.

MANZETTI, R. E. *et al*. Effets psychotérapeutiques de la Psychanalyse. *Mental: revue internationale de santé mentale et psychanalyse appliquée*, Bélgique, n. 10, 2002.

MATTET, Daniel. *Conferência inédita*. Paris, 2007.

MARZANO, Michela. *Philosophie du Corps* (Col. Que sais-je?). Paris: PUF, 2007.

_____ (org.). *Dictionnaire du Corps*. Paris: PUF, 2007.

MELLO, Emmanuel Nunes de. *Entre lei e o desejo*: antecedentes à abordagem lacaniana do problema da ética em "Kant com Sade". Dissertação (mestrado em Psicologia). São Carlos: UFSCar, 2007.

MILLER, J.-Alain. Forclusion généralisée. *Cahier: Association de la Cause freudienne*, Val de Loire & Bretagne, n. 1, 1993.

_____. A Lógica da Cura. *Opção Lacaniana*, São Paulo, n. 9, 1994.

_____. "Para una investigación sobre el goce autoerótico". In: *Sujeto, goce y modernidad: fundamentos de la clínica*. Buenos Aires: Atuel, 1995.

_____. "Clínica Irônica". In: *Matemas I*. Rio de Janeiro: Jorge Zahar Editor, 1996.

_____. Os sintomas na moda. *Opção Lacaniana*, São Paulo, n. 19, 1997.

_____. "Seminario de Barcelona sobre Die WEGE DER SYMPTOMBILDUNG". In *Freudiana*. 19, Barcelona: EEP, 1997b.

_____. *O Osso de uma análise*. Salvador: Biblioteca-agente, 1998.

_____. "A Teoria do Parceiro". In: *Os Circuitos do Desejo na Vida e na Análise*. Rio de Janeiro: Contra Capa, 2000.

_____. Curso inédito, aula de 14/03/2001, Université de Paris VIII, 2001.

_____. Psicanálise pura, psicanálise aplicada versus psicoterapia. *Phoenix*, Curitiba, n. 3, 2001b.

_____. Um real para a psicanálise. *Opção Lacaniana*, São Paulo, n. 32, 2001c.

_____. A invenção psicótica. *Opção Lacaniana*, São Paulo, n. 36, 2003.

_____. Curso inédito. *Um esforço de poesia*. Université de Paris VIII, 2003b.

_____. A Formação do Analista. *Opção Lacaniana*, São Paulo, n. 37, 2003c.

_____. "Lacan et la politique". *Cités*: Philosophie, Histoire, Politique. Paris: Puf, 2003d.

_____. O último ensino de Lacan. *Opção Lacaniana*, São Paulo, n. 35, 2003e.

_____. Biologia Lacaniana. *Opção Lacaniana*, São Paulo, n. 41, 2004.

_____. "Angoisse constituée, angoisse constituante". Intervenção nas *Jornadas de outono/2004*, da *École de la Cause Freudienne* (ECF). Publicação eletrônica: *NLS-Messager*, n. 103, 14/12/04, p. 3, 2004b.

_____. "Lère de l'homme sans qualités". In: *La Cause freudienne*. Paris: Navarin, 2004c.

_____. Uma fantasia. *Opção Lacaniana*, n. 42, São Paulo, 2005.

_____. "Introdução à leitura do *Seminário 10* da *Angústia* de Jacques Lacan". In *Opção Lacaniana*, n°4, 3, São Paulo, 2005b.

_____. *Efectos terapéuticos rápidos*: conversaciones clínicas con J.A. Miller. Barcelona: Paidós, 2005c.

_____. *El Otro que no existe y sus comités de ética*. Buenos Aires: Paidós, 2005c.

_____. Curso inédito. "Iluminations profanes", aula de 16/11/05, 1/03/06, 7/06/2006.

_____. Curso inédito, aula de 15/11/06, 14/03/07, 28/03/07 e aula de 26/05/07, Université de Paris VIII, 2007.

_____. "Vers Pipol 4" conferência no III PIPOL. *Lettre Mensuelle*, ECF, Paris, n. 261, 2007b.

NAPARSTECK, Fabián *et al. Introducción a la clínica con toxicomanías y alcoholismo*. Buenos Aires: Grama, 2005.

NAVEAU, Pierre "Une clinique différentielle de l'urgence". *Quarto. Revue de Psychanalyse. École de la Cause freudienne – ACF – Bélgique*. Bélgica, 2005.

PRIORE, Mary del. *História do Amor no Brasil*. São Paulo: Contexto, 2005.

PRISZKULNIK, Léia. Clínica(s): Diagnóstico e Tratamento. *Psicologia USP*, n. 11, v. 1, p. 11-28, 2000.

ROSANVALLON, Pierre. *La nueva cuestión social*. Buenos aires: Manantial, 1995.

RECALCATI, Massimo. Os destinos contemporâneos da sublimação. *Latusa: EBP-Rio*, v. 10. Rio de Janeiro, 2005.

SAFATLE, Vladimir. "Cinismo e falência crítica". Curso de pós-graduação ministrado na faculdade de filosofia USP, no primeiro semestre de 2005. (Inédito).

SANTIAGO, Jésus. *A Droga do Toxicômano*: Uma parceria cínica na era da ciência. Rio de Janeiro: Zahar, 2001.

SOUZA, Maria. O que é a psicanálise aplicada?. *Correio: revista da Escola Brasileira de Psicanálise*, n. 38. Rio de Janeiro: EBP, 2002.

SCHEJTMAN, Fabián. *La Trama del Síntoma y el Inconsciente*. Buenos Aires: Del Bucle, 2004.

STEVENS, Alexandre « El errar del toxicómano ». In: *Pharmakon*. Belo Horizonte: TyA Yinstituto de Psicanálise e Saúde Mental, 2005.

SKRIABINE, Pierre. "Nó e o nome do Pai: Vinte e Uma Considerações sobre a Estrutura". In: *Scilicet dos Nomes do Pai*: Textos Preparatórios para o Congresso de Roma. Rio de Janeiro: EBP/AMP, 2005.

STIGLITZ, Gustavo. "Adoções: A indecisão da origem". In: *Scilicet dos Nomes do Pai*: Textos Preparatórios para o Congresso de Roma. Rio de Janeiro: EBP/AMP, 2005.

TARRAB, Mauricio. "Fragmentos de estrutura, trozos de real". *Coloquio Seminario sobre o Seminario 23 de J.Lacan El sinthome*. Buenos aires: EOL-Grama.

VENÂNCIO & CARNEIRO. *Álcool e drogas na história do Brasil*. Belo Horizonte: Alameda, 2005.

ZENONI, Alfredo. *Le corps de l'être parlant*: de l'évolutionnisme à la psychanalyse. Bruxelles: De Boeck, 1991.

WINOCK, Michel. *O Século dos Intelectuais*. Rio de Janeiro: Bertrand Brasil, 2000.

ZIZEK, Slavoj. *Eles não sabem o que fazem*: o sublime objeto da ideologia. Rio de Janeiro: Zahar, 1992.

Conheça os outros títulos da
Coleção BIP – Biblioteca do Instituto de Psicanálise

- *A droga do toxicômano: uma parceria cínica na era da ciência*, de Jésus Santiago. 2ª edição revista.
Belo Horizonte: Relicário Edições, 2017.

- *A distinção do autismo*, de Rosine Lefort e Robert Lefort. Tradução de Ana Lydia Santiago e Cristina Vidigal.
Belo Horizonte: Relicário Edições, 2017.

- *O que esse menino tem? Sobre alunos que não aprendem e a intervenção da psicanálise na escola*, de Ana Lydia Santiago e Raquel Martins Assis. 2ª edição.
Belo Horizonte: Relicário Edições, 2018.

Informações e vendas: www.relicarioedicoes.com

1ª EDIÇÃO [2018]

Esta obra foi composta em Minion Pro e Din
sobre papel Avena 80 g/m² para a Relicário Edições.